该书的出版得到了以下项目资助：（1）国家自然科学基金面上项目《中国农业地理集聚的生产率效应及其增进路径研究——基于转变农业发展方式视角》（项目批准号：71473153）；（2）山东师范大学青年教师学术专著（人文社科类）出版资助。

中国农业地理集聚

ZHONGGUO NONGYE DILI JIJU

分工—空间外部性的理论视角与实证检验

肖卫东 著

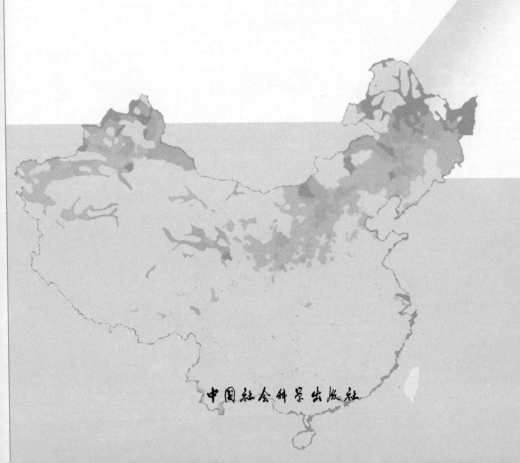

中国社会科学出版社

图书在版编目(CIP)数据

中国农业地理集聚：分工—空间外部性的理论视角与实证检验/肖卫东著.
—北京：中国社会科学出版社，2014.12
ISBN 978 - 7 - 5161 - 5373 - 4

Ⅰ.①中…　Ⅱ.①肖…　Ⅲ.①农业地理—研究—中国　Ⅳ.①F329.9

中国版本图书馆 CIP 数据核字(2014)第 302647 号

出 版 人	赵剑英
策划编辑	刘　艳
责任编辑	刘　艳
责任校对	陈　晨
责任印制	戴　宽

出　　版	中国社会科学出版社
社　　址	北京鼓楼西大街甲 158 号（邮编100720）
网　　址	http://www.csspw.cn
发 行 部	010 - 84083685
门 市 部	010 - 84029450
经　　销	新华书店及其他书店

印　　刷	北京市大兴区新魏印刷厂
装　　订	廊坊市广阳区广增装订厂
版　　次	2014 年 12 月第 1 版
印　　次	2014 年 12 月第 1 次印刷

开　　本	710×1000　1/16
印　　张	12.75
插　　页	2
字　　数	241 千字
定　　价	46.00 元

凡购买中国社会科学出版社图书,如有质量问题请与本社联系调换
电话:010 - 84083683

目　　录

图表目录

第一章 导论

第一节 研究背景与意义

世界发展和经济增长的显著特征之一就是人口和经济活动尤其是经济生产的日益集聚（世界银行，2009）；并且，集聚是许多产业经济活动最突出的地理特征，它是某种规模报酬递增的普遍影响的明证（克鲁格曼，2002）。产业地理集聚是指一个或者多个产业及其经济活动在特定地域范围的集聚，它是产业及其经济活动相互接近的一种趋势。现有关于产业地理集聚的研究基本都着眼于制造业和服务业，这有两方面的原因：一是城市发展具有集聚的典型特征，而集聚在城市的产业基本都是制造业和服务业；二是影响经济活动地理集聚的因素包括第一自然因素（自然资源禀赋等）和第二自然因素（经济主体间的经济距离、规模报酬递增、产品差异化、市场需求等）两类（Krugman，1993；Overman，Redding and Venables，2000）[①]。影响农业生产空间布局的因素通常被认为主要是第一自然因素，特别是对土地和自然气候的依赖决定了农业生产空间布局的基本特征。

但是，我们可以观察到的事实是，由于中国农业领域改革的深入，融入国际农产品市场的深度和广度的增强，导致了中国不同区域的农业贸易条件、要素价格等发生了较大变化；相应地，中国地区农业产业结构和产品结构也发生了显著变化，主要农产品生产的空间布局在全球化和市场化力量的共同影响下发生了显著变化（杜志雄、肖卫东，2010），农业和农村经济发展趋向于集聚，已成为中国现代农业发展和农村经济景观的一个

---

① 不同理论模型对第一自然因素和第二自然因素的强调程度不同，比较优势理论强调第一自然因素的作用和影响，新经济地理理论强调第二自然因素的影响，新贸易理论则强调两类因素的共同影响。

突出地理特征。20 世纪 80 年代以来，中国农业经济活动的地理集聚特征和发展趋势不断增强（曾国平、罗航艳等，2010），区域差异化程度不断加深。农业尤其是主要农产品生产的地理集聚特征日益凸显，地区专业化特征也日益明显，突出表现在：各地在发挥比较优势的农业结构调整中，农业区域化布局、专业化分工的趋势逐步显现（苗齐，2003），优势农产品生产日益向优势区域集聚，区域集中度稳步提高，区域化和专业化生产格局初步形成（农业部，2008）；农业生产形成了明显的产业带和块状生产布局（张红宇、杨春华等，2009）；农业产出呈现出较为显著的"中心—外围"空间分布模式，具有比较明显的局域地理集聚特征和空间相关性（吴玉鸣，2010）。在中央大力发展农业的政策支持下，各级地方政府纷纷设立国家级、省区级、城市级以及县级的农业科技园区、农业示范基地等。总之，无论是宏观尺度还是微观尺度，中国的农业地理集聚现象不断涌现，地理集聚格局日益凸显。

与此同时，伴随着中国农产品的商品化，现代农业生产的集约化、规模化、特色化和专业化，以及农业经营的产业化发展，影响农业生产空间布局的因素也日益复杂化和多元化，第二自然因素的影响作用逐步显现并日趋突出。农产品商品化率的提高，促使一些农产品（例如，蔬菜、花卉等）倾向于布局在城市周边或者郊区生产，以便接近消费市场和迎合经济增长后农产品需求结构的变化；农业生产集约化和专业化程度的提高，促使现代农业生产成本结构发生较大变化，不可流动的土地类生产要素成本比例相对下降，而可以流动的资本、劳动力生产要素的成本比例相对上升，农业知识和技术的作用日益显著；农业产业化的发展，特别是现代农业生产体系的整合和规模化，使农业具有较强的非农化特征，强化了农业发展对于其他产业，特别是科技、融资、物流等生产性服务业的依赖，农户与企业之间在成本和需求上的联系增强；工业化和城镇化是推动中国经济增长的两大基本力量和需要实现的两大转变，这"两化"过程都不可避免地影响到农业生产空间布局的变化。这些因素都在一定程度上促进了现代农业的地理集聚发展。

近年来，中国农业生产的空间布局问题也被提升到空前的政策高度。在战略上，国家高度重视农业生产空间布局的优化和主要农产品生产的地理集聚发展，并视其为推进农业结构战略性调整和优化升级以促进现代农业发展的重要步骤，提高农业综合生产能力以保障国家粮食安全的重要路径，提高农业资源配置效率和利用效率、发挥区域比较优势以增强农业和农产品国际竞争力的重要举措，在工业化、信息化、城镇化深入发展中同步推进农业现代化和转变农业发展方式以促进农业增效和农民持续增收的重要方式。

2003 年以来，国家先后实施和正在实施两轮《全国优势农产品区域布局规划（2003—2007、2008—2015）》，以明确优势产品和优势区域发展定位与主攻方向，加速农产品产业带的发展进程。2004—2010 年的中央一号文件中都明确提出，要加快优化农业区域布局和推进农产品向优势区域集中，推动农业生产的地理集聚和产业升级整合。《中共中央关于推进农村改革发展若干重大问题的决定》明确提出：推进农业结构战略性调整，要求搞好农业产业布局规划，科学确定区域农业发展重点，形成优势突出和特色鲜明的产业带，引导加工、流通、储运设施建设向优势产区聚集。2010 年 12 月，农业部部长韩长赋在全国农业工作会议上的讲话中突出强调，"十二五"时期要进一步优化农业区域布局，重点加强粮食主产区、特色农产品优势区、大城市郊区农业区、东部沿海农业区、农垦经济区和草原生态经济区等六大农业区域建设。《国民经济和社会发展第十二个五年规划纲要》也把优化农业产业布局作为推进农业结构战略性调整的战略重点，强调指出："要加快构建以东北平原、黄淮海平原、长江流域、汾渭平原、河套灌区、华南和甘肃新疆等的农产品主产区为主体，其他农业地区为重要组成的'七区二十三带'农业战略格局；鼓励和支持优势产区集中发展粮食、棉花、油料、糖料等大宗农产品"。

可见，中国农业生产也具有典型的地理集聚特征，农业生产空间布局变化的影响因素也日益复杂化和多元化，推动农业地理集聚已成为国家重要的产业政策和空间布局政策。一直以来，许多学者就中国农业生产空间布局问题进行了研究，尤其是最近以来，关于农业产业集群的研究日益增加，并且现有相关研究主要围绕农业生产空间布局变化的演进趋势和成因，农业产业集群的概念、特征、形成机制及其影响因素等方面展开研究。但是，这些研究都没能够将农业地理集聚和集聚经济作为研究对象，也没有建立统一的分析框架和对其影响因素进行研究。由于这些方面的现有研究不足，将导致无法准确把握和认识中国农业地理集聚的现状、变化趋势及其演变规律，无法对其影响因素进行科学估计，更无法根据和利用集聚经济来合理制定、有效实施和动态调整农业产业布局政策，实现长期政策目标。

由此，在以上背景下，关于中国农业地理集聚的系统而又细致的研究亟待展开，这对于准确把握和认识中国农业地理集聚的发展现状、变化趋势、形成和发展的客观规律，丰富和拓展农业地理集聚的研究内容，完善研究农业地理集聚的理论基础和分析框架，具有重要的理论价值；研究结论以及据此提出的政策建议，对于制定和调整中国未来农业发展的产业布局政策和区域政策，具有重要的现实指导意义。

第二节　研究对象、数据来源与空间单元

一　研究对象

基于以下四方面的原因，本书在 1980—2010 年省区①地理尺度上，主要以粮食、棉花、油料、糖料、蔬菜和水果的农作物种植业②为研究对象：（1）1980—2010 年的较长时间序列，可以更为全面地揭示 20 世纪 80 年代以来中国农业的地理集聚特征及其变化趋势。（2）在省区地理尺度上，相关数据的可获得性也较强；而且，省区地理尺度上的数据可以较好地反映自然资源、制度和政策、区域经济一体化等因素对农业生产空间布局的影响。因为，各省区在拥有丰富自然资源的同时，省区间的差异性也较为显著；省级政府的制度和政策，一方面可以较好地反映国家层面上的相关制度和政策，另一方面还可以较好地保证省区内部制度和政策的一致性；在中国，省区层面上的区域经济一体化程度更为显著。（3）省区地理尺度上农业及其主要农产品的数据在相关研究中广泛采用（见表 2-2），这有利于与相关研究进行有效比较。（4）不同农产品具有不同的产业特征，其空间布局特征及其变化趋势的影响因素也不尽相同，所以，很有必要分别考察不同农产品的地理集聚特征、变化趋势及其影响因素；在农业产业分类方面，主要包括粮食、棉花、油料、糖料、蔬菜和水果的农作物种植业，在农业产业数量不太多的情况下，这六类农产品既能较好地反映总体上的农业地理集聚，又能较好地反映不同农产品在地理集聚上的差异性。其中，粮食、棉花、油料和糖料属于土地密集型农产品，蔬菜和水果属于劳动密集型农产品。需要说明的是，本书中的"农业地理集聚"是指农业生产的

---

①　为了叙述上的方便，本章都以省区代指省级行政区，包括省、自治区和直辖市。
②　若没有特殊说明，在本章中的农业主要是指包括粮食、棉花、油料、糖料、蔬菜和水果的农作物种植业。

地理集聚，所以，为行文方便，文中有时使用"农业生产地理集聚"。

二　数据来源

在研究农业生产空间布局问题时，相关代表性文献所选取的农业生产数据有播种面积数据、产量数据和总产值数据。其中，在相关农业和农村统计年鉴中，都公布了全国及各省区的农业总产值数据和总播种面积数据，但没有农业总产量的统计数据。而相关农业和农村统计年鉴中的农业总产值大都是以当年价格计算的价值量数据，以此来做时间序列问题的研究，面临着把名义农业总产值换算成实际农业总产值以及价格指数选择的复杂问题，而且主要农产品较长时间序列的产值数据难以获取。全国及各省区的农作物播种面积及各主要农产品的播种面积（或者种植面积）的时间序列数据，都能较容易获得。而且，播种面积数据为统一的实物量数据，可以真实反映全国及各省区的农业生产情况及其发展趋势，可以更加直观地显示各省区农业生产的贡献在变化趋势上的差异和揭示各省区农业生产增长上的差异。因此，我们主要选取农业播种面积数据来计算地区专业化系数和各种农业地理集聚指标，并以这些指标来考察和分析中国农业生产地区专业化及地理集聚的变化趋势及特征。

为了保证数据的一致性，本书中的农作物播种面积数据，1980—2008年的数据来源于《新中国农业60年统计资料》，2009年和2010年的数据来源于《中国农村统计年鉴》（2010、2011）；农业总产值数据，1980—2010年均来源于《中国农村统计年鉴》（1981—2011）。2007年各省区的农用机械总动力、降水量、农村居民家庭劳动力各层次受教育程度的人口比重、农林牧渔业从业人员、农村人口数据均来源于《新中国农业60年统计资料》；2007年各省区的耕地面积、总人口、城镇化率、公路里程、铁路营业里程数据来源于《中国统计年鉴》（2008）；2007年各省区的农产品出口值数据来源于商务部的《中国进出口月度统计报告（农产品）》（2008年12月）；2007年各省区农业生产的地区专业化系数来源于本书计算得出的数据。本书中所有图表中的数据，如果没有特殊注明，均来源于以上统计年鉴和统计资料，或者基于这些统计年鉴和统计资料中的数据计算所得。

三　空间单元

关于省区的数量问题，由于海南省在1988年从广东省脱离而独立设省，重庆市在 1997 年从四川省脱离而成为直辖市，为了保持结果的一致性和可比性，我们将海南省所有年份的相关数据并入广东省，将重庆市所有年份的相关数据并入四川省。如此处理，一共有 29 个省区空间单元。关于东部、中部和西部三大区域的划分，本书根据 2000 年 12 月 27 日国务院《关于实施西部大开发若干政策措施的通知》中的划分方法，东部地区包括 10 个省区，分别是北京、辽宁、天津、河北、上海、江苏、浙江、福建、山东、广东；中部地区包括 8 个省区，分别是吉林、黑龙江、安徽、江西、河南、湖北、湖南、山西；西部地区包括 11 个省区，分别是内蒙古、广西、四川、贵州、云南、西藏、陕西、甘肃、宁夏、青海、新疆。这是中国区域经济研究和政策制定中运用最广的划分方法。

第三节　研究目标、方法与基本内容

一　研究目标与基本思路

农业生产作为一类重要的经济活动，在地理空间上呈现明显的集聚倾向，具有明显的集聚经济效应，在本质上是一种空间外部性，但其根本源泉在于分工及其深化。因此，基于直观观察到的中国农业生产的地理集聚现象，本书旨在细致梳理产业地理集聚理论的基础上，构建分析产业地理集聚的理论模型和分析框架，从理论上剖析农业地理集聚的分工源泉和空间外部性机制，从实证上对中国农业生产的区域分工与地理集聚特征及其变化趋势进行刻画和描述，并建立空间计量经济模型揭示和实证检验中国农业地理集聚的影响因素。这就是本书的研究目标。

为实现上述研究目标，本书遵循以下研究思路：首先，依据"分工—空间外部性"线索，对产业地理集聚理论进行细致梳理，构建产业地理集聚研究的"分工—空间外部性"理论模型和分析框架，为农业地理集聚研究中的理论框架构建和实证研究提供理论依据和支撑。其次，在对产业地理集聚理论有了基本的认识和把握之后，运用所建构的理论模型和分析框架对农业地理集聚的分工源泉和空间外部性机制进行理论分析。然后，将上述理论模型和理论分析应用于实际，对中国农业生产的区域分工（地区专业化特征及其变化趋势）、地理集聚现状及其变化趋势进行实证研究，并建立空间计量经济模型实证检验与分析影响中国农业地理集聚的主要因素。最后，总结本书的主要研究结论，并据此提出促进中国地区专业化和地理集聚加快和健康发展、优化中国农业生产空间布局的政策建议。

二　研究方法

1. 文献阅读、理论归纳的方法

在总揽国内外关于产业地理集聚和农业生产空间布局变化的现有理论和实证研究文献基础上，厘清相关文献研究的逻辑脉络，系统梳理相关文献研究的异同和命题，构建应用于研究农业地理集聚"分工⇨空间外部性⇨产业地理集聚"的理论模型和分析框架。

2. 理论分析和实证分析相结合的方法

运用所构建的理论模型和分析框架对农业地理集聚进行系统和全方位的理论剖析。在理论分析和文献研究基础上，运用一般统计方法、空间统计方法和空间计量经济模型对相关问题进行实证分析和解释，以求整个研究更为严谨和更具说服力。

3. 静态分析与动态分析相结合的方法，纵向考察与横向比较相结合的方法

从纵向的历史视点切入，分阶段系统考察中国农业生产地区专业化和地理集聚的变化趋势，并在此基础上，对不同阶段或者某个时点上不同地域层面和不同农产品的生产空间布局模式及其特征展开横向对比分析。

4. 科学的逻辑思维方法

这是人文科学研究中不可缺少的思维手段，本书研究将采用分析和综合、归纳和演绎、历史和逻辑等逻辑思维方法。中国改革开放以来30多年农业经济高速增长的历史提供了足够长时间维度的研究资料，为本书研究历史与逻辑的统一提供了可能。

三　研究的基本内容与结构框架

基于上述研究目标的界定和提出的研究思路，本书研究的基本内容包括导论，共分为九章，具体安排如下：

第一章是导论。主要介绍研究背景和意义，确定研究对象，说明数据来源和空间单元，提出研究目标、基本思路、研究方法和基本内容。

第二章是文献综述。对国内外关于农业产业集聚、农业产业集群、农业生产空间布局变化的相关文献进行分类梳理，并作扼要述评。

第三章是理论模型和分析框架的构建。首先，从斯密定理、杨格定

理、新兴古典经济学的分工与专业化理论出发，揭示产业地理集聚研究的逻辑起点；其次，对新古典贸易理论、新贸易理论和新经济地理理论三种区域分工—贸易理论进行细致梳理，揭示区域分工与贸易以及产业地理集聚之间的必然联系；再次，以马歇尔提出的空间外部性理论为出发点，对相关产业地理集聚理论中的分工、空间外部性与产业地理集聚之间关系的思想和内容进行整理和归纳，揭示空间外部性的金融外部性和技术外部性来源，以及它们与产业地理集聚之间的逻辑联系；最后，提出本书构建的理论模型和分析框架。

第四章是对农业地理集聚与分工之间关系进行理论分析。本章将从"斯密猜想"的命题出发，一是论述农业分工的有限性及其主要影响因素；二是揭示分工是农业经济增长和规模报酬递增的根本源泉；三是从理论上分析分工与农业地理集聚之间的关系，认为，分工是农业地理集聚的根本源泉，农业地理集聚是农业分工深化的空间组织形态，农业地理集聚主要从扩大农业市场广度和增加农业市场深度两个方面实现农业分工利益和分工效率改善。

第五章是农业地理集聚的新经济地理理论分析，并构建农业地理集聚的影响因素模型。首先，基于杜能的土地利用模型，揭示运输成本在农业地理集聚中的重要作用；其次，基于 $D-S$ 的垄断竞争模型和克鲁格曼的中心—外围模型，分析农业地理集聚的形成条件；最后，构建包括空间外部性在内的农业地理集聚的影响因素模型。

第六章是对中国农业生产地区专业化的现状及其变化趋势的实证研究，以反映和刻画中国农业生产的区域分工状况，并将该因素纳入中国农业地理集聚的影响因素模型进行实证检验。不同于以往研究，本章从产业和地区两条路径对 20 世纪 80 年代以来的中国农业生产地区专业化状况展开综合考察。首先，介绍所采用的测度指标；其次，基于计算出来的地区专业化系数和产品地方化系数，对中国农业生产地区专业化的产业特征及其变化趋势、区域特征进行实证分析；最后，得出主要结论和政策启示。

第七章是对中国农业地理集聚的现状及其变化趋势的实证研究。不同于以往研究，本章综合采用一般统计方法与空间统计方法，从产业和地区两条途径对 20 世纪 80 年代以来的中国农业地理集聚状况展开实证分析。首先，介绍基于一般统计方法和空间统计方法的相关测度指标；其次，基于 2010 年的相关指标计算结果，从多个角度和层面来考察中国农业及主要农产品的地理集聚现状和特征；再次，对中国农业地理集聚的空间自相关性进行实证分析；然后，揭示中国农业地理集聚的变化趋势；最后，得出主要结论和政策启示。

第八章是对中国农业地理集聚影响因素的实证检验。本章将主要基于第五章中所建立的农业地理集聚的影响因素模型，通过建立空间计量经济模型来实证检验与分析中国农业地理集聚的主要影响因素。首先，提出理论假说与变量设置；其次，介绍空间计量经济模型及其估计技术，并设定用来分析中国农业地理集聚影响因素的空间计量经济模型；再次，对所建立的空间计量经济模型进行估计，并就估计结果进行实证分析；最后，得出主要结论与政策启示。

第九章是研究结论、研究展望和政策建议。首先，对研究的主要结论、研究进一步发展的方向进行总结；然后，根据研究结论，提出一些促进农业生产空间布局合理化和进一步优化的政策建议。

本书研究内容的逻辑脉络及结构框架如图 1-1 所示：

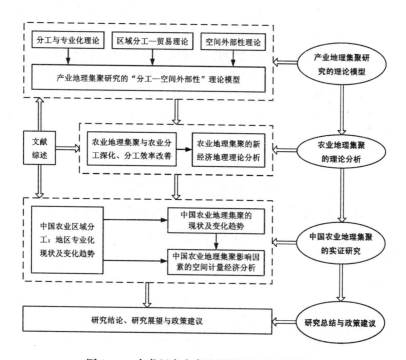

图 1-1　本书研究内容的逻辑脉络及结构框架

第二章　文献综述

国内外关于农业地理集聚的研究和相关文献，相对于其他产业领域的研究来说显得较为"冷清"，尤其是直接以"农业地理集聚"为标题的研究较少。目前，绝大部分文献都是关于"农业产业集聚"、"农业产业集群"和"农业生产空间布局"方面的，而且主要是围绕农业产业集群和农业生产空间布局变化的现象、成因和影响因素等方面展开研究。因此，以下内容就关于农业产业集聚、农业产业集群、农业生产空间布局变化的相关文献进行综述。

第一节　农业产业集聚的相关文献研究

张宏升（2007）基于 *GEM* 模型①对中国农业产业集聚的程度、影响因素和效应进行了系统研究，运用生产集中度、区位商和集中系数的测度结果表明，中国主要农产品生产按照比较优势的原则不断向优势产业区集中，不同农产品生产的产业集聚度不尽相同。从基础、市场和主体三个方面分析了影响农业产业集聚的因素，研究结果表明，基础是农业产业集聚的外部供给要素，是农业产业集聚形成和发展的必要条件和物质基础，基础因素主要包括自然资源禀赋、基础设施、人力资本、社会资本以及人文因素等；市场是农业产业集聚的需求因素，为产业集聚的发展提供需求拉动力；主体是农业产业集聚的结构因素，决定了产业集聚发展的速度和效

---

① *GEM* 模型是由加拿大学者 Tim Padmore and Hervey Gibson 基于波特的钻石模型改进而提出的，该模型提出了影响产业集聚发展的三对六大因素，即基础（Groundings）对因素，包括资源，设施；企业（Enterprises）对因素，包括供应商和相关辅助产业，企业的结构、战略和竞争；市场（Markets）对因素，包括本地市场，外部市场。Tim Padmore and Hervey Gibson, Modelling System of Innovation：A Framework for Industrial Analysis in Regions, Research Policy, Vol. 26, 1998.

率，其中，农户在农业产业集聚的形成和发展中居于基础性地位，企业居于核心地位，政府为可控环境因素和政策的重要供给者。并且，在农业产业集聚不同的发展阶段，其主导影响因素也不尽相同：在形成期，自然资源起主导作用；在成长期，则主要依靠市场需求和主体的扩张；并且通过科技创新提升集聚区内农产品的竞争优势，促进农产品生产进一步向优势产区集中，并形成增长极，推动农业产业集聚进入成熟期。王栋（2007）从专业化分工视角研究分析了中国农业产业集聚区的形成机理，研究结论指出，以小规模企业和农户为生产主导的中国农业，应该大力培育和发展以资源优势为依托的农业产业集聚区，从专业化分工和集聚经济中获得产业竞争力；农业产业集聚的形成依赖于专业化分工的深入和农户之间的相互联合。

农业产业集聚对提高农业竞争力和农业发展具有重要作用。张宏升（2007）的研究结论认为，农业产业集聚对提高农业竞争力的效应主要体现在交易效率、生产效率、竞争效率和创新效率四个方面。苏航（2010）从产业集聚的视角对区域农业竞争力的内涵进行理论探讨，认为区域农业竞争力包括农产品的市场竞争力、区域农业的可扩张能力、区域农业的可持续能力和区域农业的抗风险能力四个方面的内涵，而发展农业产业集聚是整合各项竞争力，从而提升区域农业综合竞争力水平的重要途径。

第二节　农业产业集群的相关文献研究

一　关于农业产业集群概念和特征的研究

不同学者从不同角度对农业产业集群的概念进行了界定。国际经济合作与发展组织（OECD）把农业产业集群定义为"一组在地理上相互临近的以生产和加工农产品为对象的企业和互补机构，在农业生产基地周围，由于共性或互补性联系在一起形成的有机整体"。向会娟、曹明宏等（2005）从产业集群成因的角度，宋玉兰、陈彤（2005）从产业发展和关联产业的角度，郑风田、程郁（2005）从农业产业区的角度，王龙锋等（2005）从特色农业的角度，张丽等（2006）从产业持续发展的竞争力角度，尹成杰（2006）从龙头企业发展的角度，任青丝（2007）、李东升（2008）从网络集合群体的角度，谢方、王礼力

（2008）从农业产业化发展的角度，分别界定了农业产业集群的内涵。因为不同学者的角度各异，内涵也有所不同，以致还没有关于农业产业集群的公认的统一的定义。但是，这些定义都有着一些相同的内容和共同的特征，即农业产业集群是农业生产单位、农业企业及其关联企业、相关支撑机构以网络方式结合在一起的有机集合，在地域和空间上具有集聚特征。

农业产业集群既具有产业集群的一般性特征，又因各地具体情况具有地方性特征（任青丝，2007）。有些学者研究分析了农业产业集群的一般性特征，宋玉兰、陈彤（2005）认为农业产业集群具有网状的产业链、内生的灵活专业化、农户是基础单位、农业合作体系的建立和完善、基础设施现代化、良好的创新能力、较强的地方文化根植性等七方面特征。兰肇华（2006）认为农业产业集群具有以农户为基本单位、地域性、较强的可持续发展能力、自然风险特征强等四方面特征。尹成杰（2006）认为农业产业集群具有专业化分工和协作程度高，农户间、企业间协作配套强，生产加工销售一体化程度高，农业科技推广应用快，核心力量是龙头企业，有良好的政策环境，具有敢于创新的领导机构，产业基地基础设施现代化程度高等八方面特征。有些学者研究分析了特定区域农业产业集群的地方性特征，Joseph Cortright（2003）认为美国俄勒冈州食品和农业产业集群主要有两方面的特征：基于产业的专门资源和企业集中。王昀（2006）基于江苏南通市农业产业集群的研究表明，农业产业集群具有较大的集聚区域范围、特色明显、较大的生产和销售规模、较强的龙头企业推动力、与专业市场互动发展、依托农业科技园区和专业经济合作组织发展等六方面特征。

二　关于农业产业集群发展模式和类型的研究

农业产业集群由于主导因素、集群结构，以及各地区地理位置的根植性、资源禀赋和人文环境的不同，存在不同的发展模式和类型（见表2-1）。

表 2 - 1　　　　　　　　　　　农业产业集群的发展模式和类型

分类依据	发展模式和类型
集群特点	农业高科技园模式、中心企业型模式和市场型模式（向会娟、曹明宏等，2005）
	中小企业聚集型、龙头企业带动型、市场依托型和品牌联结型（李文秀，2005）
	农业科技示范园模式、市场依托型模式、专业化小城镇模式、外来资金带动型模式、主导企业型模式（高峰、亓秀华，2008）
集群功能范围	种植业产业集群、养殖业产业集群、农产品加工业集群、农产品流通产业集群、农业科技产业集群（尹成杰，2006）
集群成因	根据地区区位优势，建立在农村或者乡镇工业基础上的农业产业集群；依据科技、专业优势建立的高科技农业产业集群；以市场为依托，发展特色农业集群；市场依托型农业产业集群；外资带动型农业产业集群；改制企业经过繁衍和集聚形成的农业产业集群（宋一淼，2005；李继红、宋一淼，2007）
省区案例	安徽省的农业产业集群主要有龙头企业带动型、农民合作组织协调型、市场依托型、科技支撑型等四种发展模式（王艳荣，2009）
	根据区域主体要素和网络系统作用的差异性，把安徽农业产业集群的发展模式归纳为四种：市场主导型、加工企业主导型、农业科技园区主导型、特色农业主导型（张廷海、武云亮，2009）

资料来源：作者整理。

三　关于农业产业集群形成机制和影响因素的研究

大部分学者的研究结论认为，农业产业集群的形成和发展是由内在因素和外部条件的共同作用所决定的。宋玉兰、陈彤（2005）认为，农业资源禀赋差异、合作需求、规模经济以及路径依赖是农业产业集群形成的主要因素。尤晨等（2007）分析了农业产业集群的形成机制，研究结论认为，农业产业集群的产生是自然、区位、技术、市场等各种因素综合作用的结果，其中，消费需求是决定因素，市场竞争是内在动力，农业资源禀赋差异是基本条件，路径依赖是制度因素。高峰、亓秀华（2008）认为农业产业集群形成的诱因和条件有自然禀赋优势、政府支持、生产要素供给、市场需求等，形成机制有区位要素、政府科研投入、外部性等。周新德（2008）的研究结论认为，农业产业集群生存和发展的物质基础是先天禀赋，包括土地、资本、先进技术等生产要素；内在动力有"根植性"、规模经济、外部经济和学习效应等；外在推动力有政府行为和外部竞争环境等。

还有些学者从某个特殊角度研究分析了农业产业集群形成和发展的影响因素。郑风田、程郁（2006）通过对云南斗南花卉集群的案例研究认为，创业家在中国农村产业集群的形成和演进过程中发挥着至关重要的领导作用。李志刚（2010）研究分析了农业产业集群发展的农村土地流转制度因素，认为，中国农地流转制度和农业产业集群发展相互作用、相互促进，农地流转制度为农业产业集群的形成和发展提供了市场基础、企业家要素、劳动力要素和市场竞争机制；而农业产业集群的发展又会促进农地流转制度的多样化。

杨丽（2009）从乡土性技术创新①视角研究分析了农业产业集群的形成和发展，提出了以乡土性技术创新为核心的农业产业集群成长机制理论。研究结论认为，乡土性技术创新是农业产业集群形成的重要原因，也是农业产业集群发展演化的主要驱动力。并且，在农业产业集群发展的不同阶段，乡土性技术创新的推动作用不同，在集群初生期，乡土性技术创新的本地化经验、低成本特点及其乡村社区网络传播渠道促使集群快速形成；在集群成长期，乡土性技术创新引发的政府制度供给与乡土性组织的发展，为集群成长提供了制度和组织保障；在集群的升级期，乡土性技术创新引发了与专业性技术创新的合作，为集群引入了高级生产要素，促进了集群的升级。

四　关于农业产业集群的经济效应研究

农业产业集群作为农业和农村经济发展的重要组织形式，已经成为提高农业竞争力，增强农业发展优势，提高农业综合生产能力的重要途径和必然选择（尹成杰，2006；王碧峰，2008）；调整和优化农业结构的新途径（刘建鹏、高峰等，2007）；转移农村剩余劳动力的有效途径（黄海平、龚新蜀等，2009；South Dakota Department of Labor，2002）和推进新

---

① 乡土性技术创新是指产生于某一特殊的乡土文化或社会，来自于乡土知识和实际从事农业经营的农民的不断试错的经验累积的创新，具有四方面的特点：（1）创新主体是农民；（2）创新的基础是乡土知识；（3）具有与科研院所性专业技术创新不同的特点，例如，非正规性、区域性、低成本性、技术供给者同时也是需求者；（4）农村的社区网络还使乡土性创新技术具有准公共产品性质。

农村建设的有效路径（张霞、蔡根女，2007）；对地区经济增长具有重要的促进作用（David Zepponi，2003；Peter Zashev and Peeter Vahtra，2006），具有较强的经济效应。Henry，Mark and Drabellstott（1996）的研究结论表明，20世纪80年代至90年代早期，产业集群是农村经济增长的主要源泉，主要表现在产业集群对扩大农村劳动力就业和提高农村企业员工收入的明显的促进作用。尹成杰（2006）认为，农业产业集群的发展会产生集聚效应、竞争效应、分工效应、协作效应、区域效应和品牌效应等六个方面的经济效应。张小青（2009）基于集群机理和农业产业集群自身特点的研究分析认为，农业产业集群具有创造竞争优势、识别农产品市场、提高城镇化水平、创造区域经济增长"乘数效应"等多方面的经济效应。黄海平、龚新蜀等（2009）深入探析了农业产业集群的就业创造效应，认为农业产业集群在促进农村劳动力就业方面具有不可替代的优势，主要表现为：延长就业链效应、就业结构升级效应、就业吸聚效应、提升农村劳动力素质效应、拓宽农民就业空间效应、就业乘数效应、对农村劳动力就业具有示范效应和连带效应。黄海平、龚新蜀等（2010）以山东寿光蔬菜产业集群为例，从专业化分工的角度研究分析了农业产业集群的竞争优势，研究结论表明，农业产业集群在成本、技术创新、人才、就业、制度环境、组织创新和制度创新、资源优化配置、区域品牌等方面，具有明显的竞争优势。

第三节 农业生产空间布局变化的相关文献研究

一 农业生产空间布局变化趋势的研究

1. 国外相关研究

Sukkoo Kim（1997）应用地区专业化指数研究分析了美国农业、制造业、批发贸易、零售贸易、服务业的空间结构变动。Bryan J. Hubbell and Rick Welsh（1998）应用区位商指标测度了美国1974—1996年生猪养殖布局的变化。Colin A. Carter and Bryan lohmar（2002）运用 *Krugman* 专业化指数计算并分析了我国1981—1999年各省八种主要农作物生产的地区专业化趋势。Roberto Ezcurra，et al（2004）运用 *Krugman* 专业化指数测算了1977—1999年欧盟地区农业生产的地区专业化程度及其演变趋势。Ricardo Mora，Carlos San Juan（2004）应用区位商指标分析了西班牙农业生产空间布局的变化。Polina Mokshina（2005）应用专业化指数衡量了俄罗斯牛奶生产空间布局的变化情况。Eades，Daniel and Cheryl Brown（2006）应用 *Gini* 系数、*HHI* 指数、*LQ*（区位商）、*Local Moran's I* 指数全面研究分析了美国有机农业生产带形成的历史变迁。

2. 国内相关研究

从总体上来看，中国农业和农村经济发展的地理集聚化特征日益显著。1985 年以来，中国省际农业经济活动呈现出显著的、不断强化的非随机性地理集聚特征。农业发展水平呈现非均衡的空间分布特征，东部和中部地区为农业经济活动的高—高类型集聚区域，具有较强的空间溢出效应，其空间联系带动力呈逐渐增强趋势；西部地区为低—低类型集聚区域，非典型省区数量较少（曾国平、罗航艳等，2010）。中国各省域的农业产出呈现出较为显著的中心—外围空间结构，具有明显的局域地理集聚特征和空间相关性（吴玉鸣，2010）。

改革开放以来，中国农业生产的空间布局发生了渐进性的显著变化，农业生产地区专业化和地理集聚趋势不断增强。20 世纪 90 年代以来，中国农业生产力重心逐步北移，东北、华北在全国农业中的地位日益突出（郭玮，2000）。农业生产布局呈现明显的区域集中特征，主要农产品的生产具有较高的区域集中度，经济作物的集中程度要高于粮食作物（苗齐，2003）。并且，优势农产品生产日益向优势区域集聚，区域集中度稳步提高，农业生产区域化和地区专业化格局初步形成（农业部，2008）[①]。农业生产形成了明显的产业带和块状生产布局，东部地区要重点围绕国际市场需求、大城市需求、城市群需求，大力发展效益农业；中部地区要重点着力于粮棉等大宗农产品的生产，重点支持粮食主产区发展；西部地区则要重点围绕生态农业、特色农业大做文章（张红宇、杨春华等，2009）。

由于粮食生产在中国农业生产中占有重要地位，因而，关于粮食生产空间布局的变化也就成为了相关研究的重点。黄爱军（1995）、殷培红和方修琦等（2006）都关注到了中国粮食生产中心"西进"和"北上"的

---

① 2007 年水稻、小麦、玉米、大豆生产集中度分别达 98%、80%、70% 和 59%，九大粮食作物优势产业带初步形成；棉花、甘蔗、苹果、柑橘生产集中度分别达 99.9%、63%、50.7% 和 54%，经济作物优势区域地位稳步上升；各类养殖业优势区域逐步确立并得到加快发展。

演变趋势。市场化改革以来，中国粮食生产表现出稳定的区域变化特征，粮食生产趋向集中于河北、内蒙古、黑龙江等省区（伍山林，2000）；粮食生产逐步向中部地区集中，北方和中部地区已经成为中国粮食生产主要的增长极（刘彦随、翟荣新，2009）和新的增长中心（程叶青、张平宇，2005）。高帆（2005）的研究结论发现，改革开放以来，中国粮食生产表现出了从"中心"地区向"边缘"地区转移的倾向。但是，中国不同粮食作物生产的空间布局变化具有较大的差异性，呈现集中与分散并存的特征。20世纪90年代以来，在工业化和城市化的发展以及农产品市场形成条件下，稻米生产表现出明显的区域分散趋势；小麦生产表现出明显的区域集中趋势；玉米生产表现出播种面积的区域集中趋势和产量的区域分散并存趋势（薛宇峰，2005a）。陆文聪、梅燕等（2008）的研究也得出了类似的结论，他们的研究还发现，中国粮食生产还呈现出明显的省域相关性特征，具有较高的空间溢出效应；并且，不同粮食作物的省域关联程度具有较大的时序差异性，稻谷生产的省域关联程度呈下降趋势，小麦和玉米生产的省域关联程度呈不断上升趋势。这表明，中国稻谷生产呈现出空间扩散的态势，小麦和玉米生产则呈区域化集中态势。在县域层面，中国粮食生产也呈现出明显的区域集中现象，并且具有较强的空间自相关依赖性（杨春、陆文聪，2010）。

朱启荣（2009）考察了中国棉花主产区的空间布局变化，基于各省区棉花种植面积在全国中比重的统计分析表明，1980年以来，中国棉花主产区出现了由南向北、向西北新疆地区迁移的现象。吕超、周应恒（2011）采用17个蔬菜主产区1995—2008年的产值数据，计算出来的区位商指标值显示，中国蔬菜产地布局经历了由城郊向农区转移、由分散趋向集聚布局的趋势。

上述这些研究一般采用生产集中度、区位商、区位基尼系数和莫兰指数等方法和指标来测量地理集聚程度。研究的时间跨度不一，涵盖了改革开放初期到2008年；同时，这些文献中的研究对象也不一，有的研究以粮食、蔬菜或者棉花等单类农产品为主，且大多数研究都是以粮食为分析对象，有的研究则涵盖了农林牧渔业（见表2-2）。但是，这些研究普遍存在研究的时间范围较短、时间的连续性较差、研究对象范围较窄等问题。

表2-2　　　　　　　　　中国农业地理集聚测度的代表性研究

作者（年份）	时间范围	农业范围（数据）	地理尺度	地理集聚指标
伍山林（2000）	1982—1998	粮食（产量数据）	29个省区	生产集中度
薛宇峰（2005）	1990，2002	粮食（产量和播种面积数据）	31个省区	区位商
高帆（2005）	1978—2003	粮食（产量数据）	29个省区	粮食生产指数
罗万纯、陈永福（2005）	1978—2003	粮食（产量数据）	29个省区	生产集中度
梁书民（2006）	1984，2003	农业种植业（种植面积数据）	31个省区	区位商
陆文聪、梅燕等（2008）	1978—2006	粮食（产量数据）	29个省区	生产集中度莫兰指数
钟甫宁、胡雪梅（2008）	1978—2005	棉花（播种面积数据）	29个省区	生产集中度
朱启荣（2009）	1980—2005	棉花（种植面积数据）	29个省区	生产集中度
陈伟莲、张虹鸥等（2009）	2005，2007	稻谷、糖蔗、蔬菜、茶叶等（产量和播种面积数据）	广东省	区位基尼系数
杨春、陆文聪（2010）	2007	粮食（播种面积数据）	县域尺度	莫兰指数
曾国平、罗航艳等（2010）	1985—2008	农林牧渔业总产值	31个省区	基尼系数莫兰指数
吴玉鸣（2010）	2008	农林牧渔业总产值	31个省区	莫兰指数
吕超、周应恒（2011）	1995—2008	蔬菜（产值数据）	17个省区	区位商

资料来源：作者整理。

二　农业生产空间布局变化的影响因素研究

目前国内外学术界对农业生产空间布局变化的影响因素进行了丰富的研究和深入的分析。近年来，空间经济学，尤其是空间计量经济学在农业经济领域的应用迅速发展，逐渐成为研究分析农业生产空间布局变化的新视角。

1. 基于基本假说、理论和直观观察上的定性分析

（1）国外相关研究

E. C. Wilcox（1956）定性分析了美国山区和大西洋沿海各州农业地区专业化发展的影响因素，分析结果显示，地理条件、水、土壤、气候、与市场距离、生产和营销效率是影响农业地区专业化发展的主要因素。Mary Eschelbach Gregson（1994）认为，运输成本变动是导致 1860—1880 年间美国密苏里州农场作物选择变化的主要原因。Mary Eschelbach Gregson（1996）认为，不同作物相对产出价格和土壤对作物的适应性，是影响美国农作物种植选择改变以及农业地区专业化的主要因素。蒋长瑜（1997）分析了战后美国农业生产空间布局的变化及其成因，研究结论认为，主要原因有自然禀赋约束、经济发展水平、农业补贴政策、农业科技和交通运输的改善，生态因素、饮食习惯等也会影响到美国农业生产空间布局的变化。Charles Barnard and Gary Lucier（1998）的研究结论认为，城市化对美国城市郊区蔬菜生产地区变动的影响有正有负。David and Elliott（1998）通过对粮食生产效率的分析，认为相关粮食产品的价格、自然禀赋、毗邻沿海等因素对粮食生产效率及其空间布局变化有重要影响。Daniel and Killkenny（2002）发现包括增加农业津贴和转移支付在内的一般农业政策的变化，会对农业生产的空间布局产生影响。Welsh（2003）认为农业生产空间布局除了受区域经济的直接影响，还受上游和下游部门的影响。Warren E. Johnston and Alex F. McCalla（2004）的研究结论认为，自然、技术和投入、人力资本和市场等因素，共同影响着加利福尼亚州农业产业结构的变动。

（2）国内相关研究

张红宇、杨春华等（2009）认为，影响农业产业布局区域化特征的主要因素是资源禀赋和经济发展，其中，耕地、光、热、水等自然资源的分布决定了基本的农业区划，资源禀赋是影响农业空间布局的自然性因

素，经济发展则是社会性因素；政策引导对优化农业生产空间布局也具有重要影响，尤其是国家区域发展政策引导各区域发挥比较优势，可提高农业生产集中度。梁书民（2006）则认为，农业种植结构的空间布局主要由自然条件决定，空间分布的变化则是经济行为的结果。

　　大多数学者研究分析了中国粮食生产空间布局变化的影响因素。黄爱军（1995）认为中国粮食增长中心"西进北上"趋势主要由两种因素引起：自然和生态条件的制约；价格、成本、利润等经济因素的推动。关于影响中国粮食产销格局由"南粮北调"演变为"北粮南运"的主要因素，不同学者研究的结论不同。郑有贵等（1999）认为，在市场化改革进程中，农民在充分发挥当地比较优势的基础上，更多地根据要素的相对价格和比较利益进行了资源重组。王玉斌、王怀栋等（2008）则认为是多方面影响共同作用的结果，这些因素包括粮食生产比较效益相对低下、科学技术与种植制度的发展、耕地资源与人地矛盾的影响、粮食市场体系不断完善、人口流动与消费水平提高、粮食加工区域布局的非均衡发展。王介勇、刘彦随（2009）的研究进一步指出，驱动中国粮食产量中心位移的是资源、经济、技术和政策等因素所形成的空间合力，其中，耕地资源是客观基础因素，食物消费需求及其结构变化是直接驱动因素，水资源的开发利用是关键驱动因素，科技进步、农村经济发展的不平等和区域化的粮食支持政策等是重要的驱动因素。

　　还有些学者研究分析了中国农产品产业带形成和发展的影响因素。潘泽江、曹明宏等（2004）的研究结论认为，资源诱导、需求拉动、科技推动和制度动力这四个因素共同发生作用，并遵循着极化效应和扩散效应，促进优势农产品生产联"点"成"轴"到"面"，最终促使了优势农产品产业带的形成；同时，这些因素也是优势农产品产业带发展的动力机制。唐华俊、罗其友（2004）则构建了农产品产业带形成和发展的六要素分析模型（见图2-1），认为资源、市场、区位、技术、环境和政策是农产品产业带形成和发展的主要影响因素[1]，这些影响因素分别通过不

---

　　① 资源和市场共同构成农产品产业带的本底系统，资源禀赋是自然基础和发展平台，市场需求是原动力；政府政策为农产品产业带形成和发展的控制系统，主要通过营造经济环境和制度环境来影响农产品产业带的布局、规模和竞争力；技术、区位和环境共同构成农产品产业带的生产转换系统，主要通过资源和市场因素从不同方面作用于农产品产业带的形成和发展。

同的方式途径、程度不同地作用于农产品产业带的形成演变过程，农产品产业带的最优配置区域为多种因素形成的交集（见图2-1中的长方形所示）。

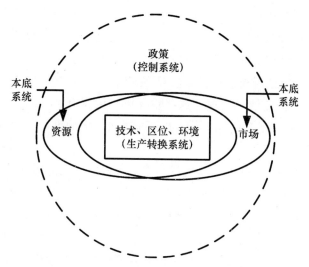

图2-1 农产品产业带形成和发展的六要素分析模型

2. 基于严格的计量和实证检验分析

上述研究对农业生产空间布局变化的解释仍停留在假说层次和定性分析上，没有进行严格的计量和实证检验。对此，近年来，国内外很多学者纷纷通过建立计量经济学模型来实证检验和分析影响农业生产空间布局变化的影响因素。

（1）国外相关研究

有些学者实证研究了农业生产地区专业化的影响因素。Takashi Kurosaki（2001）应用普通最小二乘法（*OLS*）分析了印度西部 Punjab 地区农业转型阶段的作物专门化和多样化发展的影响因素，研究发现，乡村市场的发展是促进地区内部贸易和农业生产专业化的重要影响因素。Ricardo Mora，Carlos San Juan（2004）应用 *Probit* 模型实证研究了西班牙1979—1997年农场和县域层面农产品专业化的影响因素，研究结果表明，共同农业支持的补贴、出口拉动是推动农产品专业化增长的主要因素。有些学者实证检验了农业生产者作物选择的影响因素。Pavel Ciaian，et al（2007）应用普通最小二乘法（*OLS*）研究分析了欧洲不同规模农场生产类型选择的影响因素，研究结果显示，农场规模和国家特征土地利用比例、土壤质量、人均可耕地数量、技术是影响作物选择的主要因素。P. Parthasarathy Rao, et al（2004）通过建立 *Modified Tobit* 模型和 *Ordered Probit* 模型，实证分析了印度农业品种结构变化的主要影响因素，研究发现，生产供给因素、基础设施建设、制度创新、城市化等需求因素共同推动高价值农产品生产份额迅速增加。Jyotsna Puri（2006）通过构建面板数据模型实证检验了泰国森林地区农业扩张的主要影响因素，研究结果发现，这些主要影响因素有总人口、村庄到达市场的时间、成年人口比例、灌溉水的可获性、信用度、土地生产率、财产权。

国外学者运用空间经济学理论和方法分析农业经济问题的实证文献也日益增多。Nelson（2002）详细介绍了运用空间经济学理论来分析农业生产空间布局的问题，并从理论上剖析了杜能的农产品价格、土地使用和地租。Peter（2002）对中国农业生产尤其是粮食种植区域的空间变化进行了实证分析，研究结论表明，种植面积或者粮食单位面积产量的变化，是引起中国农业生产区域变化的重要因素，粮食种植面积的区域范围在不断缩小，但在一些典型省份区域却表现出明显的增加趋势。Cho and Newlnan（2005）则运用地理信息系统（*GIS*）和空间计量经济模型实证分析了农村土地的发展模式和密集程度。J. L. Ping（2004）从空间统计的全域空间自相关和局部空间自相关两个方面测量了美国棉花单位面积产量的空间依赖性和空间异质性。Danielle A. P. Torresl（2007）运用市一级的数据，通过构造 *Moran's I* 指数分析了巴西东北部水果、粮食产量与单产的空间结构。Nejla Ben Arfa（2009）运用空间计量经济学模型分析了 1995—2005 年法国乳业空间布局变化的原因，并重点考虑了乳业空间集聚的外部性问题。

（2）国内相关研究

国内许多学者分别应用多元线性回归模型、主成分分析模型、面板数据模型、结构方程模型和空间计量经济模型实证检验和分析了中国农业生产空间布局变化的影响因素，取得了许多具有较高实践指导价值的研究成果（见表 2 - 3）。

表2-3 国内关于农业生产空间布局变化影响因素的实证模型及其成果

主要代表人物	农产品	计量经济模型	实证检验的影响因素
伍山林（2000）	粮食	基于农户行为的计量经济模型	农村人均耕地资源、非农产业就业拉力
薛宇峰（2005b）	粮食	多元线性回归模型	人均承包经营耕地面积、种植业收入比率、农药使用率、有效灌溉面积比率、家庭经营收入比率
罗万纯、陈永福（2005）	粮食	面板数据模型	人均耕地资源、粮食单产、经济效益比、非农收入比重、成灾面积、畜牧业发展状况、复种指数，前三个因素的作用最为突出
潘竟虎（2008）、李裕瑞（2008）	粮食	空间计量经济模型	县域经济发展、农业结构调整战略、农业补贴等国家政策、农业自然地理条件
陆文聪、梅燕等（2008）	粮食	空间计量经济模型	人地关系、劳动力报酬、非农就业是关键因素，其他还有自然条件和技术经济因素
杨春、陆文聪（2008）	粮食	空间面板计量经济模型	非农就业机会、粮食单产、自然灾害、单位面积机械拥有量、单位面积化肥施肥量、粮食生产经济效益比，其中，非农就业机会和粮食生产经济效益比的影响作用尤为突出
杨春、陆文聪（2010）	粮食	空间计量经济模型	人均耕地面积、经济效益比、技术正向相关，非农就业机会、城镇化、人均GDP负向相关
钟甫宁、刘顺飞（2007）	水稻	面板数据模型	各区域水稻生产相对于替代作物净收益的差异是直接因素，而在部分地区，资源约束条件、制度改革等因素也有显著作用
钟甫宁、胡雪梅（2008）	棉花	面板数据模型	棉花和替代作物的价格与单位面积产量之比、非农就业机会、政府的农业投资、自然灾害、公路里程、化学纤维的产量、有效灌溉面积
朱启荣（2009）	棉花	面板数据模型	各地区种植业内部比较效益、农民务农的机会成本、农户的粮食安全水平、灌溉条件和自然灾害状况、技术进步和国家政策等
曹光乔、潘丹等（2010）	蛋鸡	面板数据模型	畜牧业和种植业的比较优势、蛋鸡和其他畜产品的综合比较优势、非农就业机会和城镇化水平，运输成本和技术进步
卢凌霄等（2010）	蔬菜	结构方程模型	技术交通条件、市场环境产生直接的正向影响，自然资源和政府扶持政策通过改善技术交通和市场环境条件产生间接的正向影响

资料来源：作者整理。

第四节　文献评述

一　现有研究的特点及其成果

综观国内外现有关于农业地理集聚问题的研究文献，可以发现，许多学者对农业生产空间布局的区域化特征及其演变趋势、成因和影响因素，开展了大量研究工作，并取得了丰硕的理论和实证研究成果。

（1）许多学者运用不同的指标，就农业经济活动、农业生产、主要农产品生产尤其是粮食生产空间布局的变化，进行了测度，尽管所使用的数据、指标和测度方法不同，但都认为，农业经济活动和农业生产趋于地理集聚，是农业空间结构变动中一个明显的现象。尤其是在中国，农业生产形成了明显的产业带和块状生产布局，表现出比较明显的局部地理集聚特征和空间相关性。

（2）近年来关于农业产业集群和生产空间布局影响因素的研究取得了较大进展，形成了相当丰富的理论与实践研究成果。许多学者主要运用区位理论、比较优势理论、分工理论、竞争优势理论、农产品产地间竞争和主产地形成理论，重点分析了资源禀赋、经济发展、市场需求、技术进步、交通运输等基础设置、制度政策、城镇化发展等因素对农业产业集群和生产空间布局的影响作用。大部分研究结果表明，农业产业集群和生产空间布局变化的影响因素日益复杂化和多元化，第二自然因素的影响逐步显现并日趋突出，上述因素逐步形成一种空间合力，共同驱动和影响着农业产业集群的发展和生产空间布局的变化。

（3）有些学者开始尝试性地应用空间统计、空间计量经济模型与方法，对农业生产空间布局进行考虑空间相关性与空间互动效应的分析，得出了一些有意义的研究结论和政策建议。GIS 技术、探索性空间数据分析、空间自相关等空间数据和统计分析方法，为农业生产空间布局研究提供了可视化的空间信息；考虑了空间效应的空间误差和空间滞后等空间计量经济模型，为农业生产空间布局变化成因以及影响因素的研究，提供了新的视角和模型方法，增强了模型估计结果的可信度和解释力。到目前为止，虽然仅有少数研究明确地将空间因素考虑到农业生产空间布局的研究中去，但是，这些为数不多的研究成果为提升空间效应在农业生产空间布局研究中的重要性，提供了有力证据，也为后续的扩展和深入研究提供了借鉴和参考。

（4）从研究方法上看，现有研究分析的方法不断完善和发展，由一般的理论假说和定性分析发展到目前大量的定量和计量经济模型分析，尤其是结构方程模型、面板数据模型和空间计量经济模型的尝试性应用。从研究对象上看，主要集中在粮食作物及其品种构成的空间布局变化及其地理集聚现象，部分文献还对棉花、油料、蔬菜、畜牧产品、蛋鸡等农产品生产的地理集聚现象进行了专门研究。从研究的空间层面上看，大部分文献都是基于区域（地带）、省域等相对较大地理单元的研究。从研究成果的应用价值来看，农业生产空间布局的研究成果表现出较强的针对性、科学性以及较高的应用价值，不仅为农业生产者提供决策支持，而且还能为政府制定政策提供决策参考。

二 现有研究的缺陷和不足

（1）现有研究基本上都将农业部门视为在规模报酬不变和完全竞争条件下生产一般农产品或者食物的经济部门，以致相关研究和分析仍然局限于完全竞争框架之中，忽视了农业部门内部的规模报酬递增这一重要因素。尤其是，现有研究很少关注在农业部门或者农村发生的农产品差异化、内生性创新、技术和知识的外部性现象。事实上，伴随着农业生产集约化、规模化、特色化、专业化程度的增强，现代农业理论特别强调农业生产中的产品异质性、规模报酬递增以及农产品市场的不完全竞争（藤田昌久，2009）。因此，我们迫切需要一个新的工具和框架来研究分析农业生产的区位选择和空间分布问题。而新经济地理学理论就是将递增报酬、垄断竞争与"冰山"运输成本应用于空间经济研究，为揭示经济活动的地理集聚与扩散现象提供新的研究框架。而且，这个研究框架非常具有包容性与延伸性（柴志贤、黄祖辉，2006）。中国农业生产整体表现出的空间非均衡性和地理集聚化发展，是否具有空间经济学意义上的空间结构变动，需要运用空间经济学理论和方法进一步验证。

（2）在现有研究中，虽然也有一些文献从空间经济学视角研究分析农业产业转移和空间布局变化问题，但是，鲜有专门文献从空间经济学中的外部性理论视角深入分析农业地理集聚和农业生产空间布局的变化；理论和实证文献大多只重点考察了资源禀赋、经济发展、国家政策等因素的影响作用，鲜有文献系统而全面地考察空间关联效应和地理临近效应、交通运输等基础设置、市场需求、贸易成本等因素的影响作用，纳入实证计量模型的更少，也没有形成一个统一的分析框架。这不仅难以全面深入地解释复杂的农业地理集聚现象，而且还有可能导致研究结论的片面性。

（3）现有研究大都只是研究分析了农业生产空间布局的特征及其演变趋势、影响因素，而农业地理集聚尤其是生产空间布局变化对区域分工、地区农业经济结构调整和优化升级，国家粮食安全和食品安全，农业技术创新、转移和运用，资源配置效率，农业生产效率（全要素生产率）和农产品竞争力，农产品价格波动，农民收入增长、福利分配等，会产生怎样的影响？以及这些影响在不同地区之间是否存在差异？这些问题仍缺乏系统和深入的研究。即使有些文献论及了相关影响，但也只是停留在假说层面和初步的定性分析上，没有进行严格的实证检验和计量分析。

（4）传统贸易理论认为，比较优势是导致产业空间分布不均衡的基础，在商品自由流动条件下，各地区根据自身的资源（要素）禀赋来选择具有比较优势的产业，从而导致产业的地理集聚（Ohlin，1933）。而且，各地方政府也着力按照区位优势和禀赋条件，加快优化农业区域布局和推进农产品生产以及生产要素向优势区域集中，促进农业生产的地理集聚。由此引申出的问题便是，农业生产地理集聚经济的产生和动态变化，是否反映了地区农业比较优势、主要农产品比较优势及其动态变化？农业生产的集聚优势与比较优势，哪个更重要？农业生产空间集聚与水资源、劳动力资源以及土地资源等禀赋条件之间的耦合程度如何？生产集聚与要素集聚之间的互动关系如何？在考虑了农业生产集聚的空间效应后，是否应该实行区域化和差别化的农业区域政策、产业政策？而区域化和差别化的政策体系对促进农业生产集聚是否更加有效？这些问题也需要进一步的深入和系统的研究，而国内非常缺乏对这些问题的研究。

（5）集聚现象出现于不同的地理尺度上，包括了不同程度的细节部门。Aas，Arnott and Small（1988）认为，不同距离尺度出现的集聚模式受到不同类型集聚经济的影响，而每一种类型都基于相互作用的机制建立，并在空间上对邻近地区有着独特的要求。因此，应该基于不同的地理尺度分析农业生产的空间布局和地理集聚问题。但是，在现有研究文献中，大多都是基于省域或者更大级别单元（分地带和分大区）的研究，而对县域农业生产地理集聚的研究较少，已有少数文献主要集中在省域内部的县域层次（潘竟虎，2008；李裕瑞，2008）和全国范围内某年份的县域层次（杨春、陆文聪，2010），而针对全国 2000 余县级地理尺度进行时间序列研究的成果非常缺乏。基于地级市域层面的研究基本没有，基于区域（地带）、省域、地级市域和县域的集成和系统研究基本上还是空白。

　　上述以往研究中存在的问题都非常值得关注和重视。本书研究将有选择地就其中的一些重要问题开展深入研究，在深化理论的同时也力求对实践有一定的指导意义。

第三章 产业地理集聚研究的理论演进

——分工—空间外部性视角

  古典区位理论、新古典区位理论、新古典贸易理论、新贸易理论和新经济地理理论对产业地理集聚都进行了广泛而深入的研究，产业地理集聚理论不断完善和发展。虽然这些理论研究产业地理集聚的切入视角和基本解释点不同，例如，区位理论从运输成本等空间因素视角认为，工农业生产倾向选址于成本最小或者利润最大的区位；新古典贸易理论从外生的资源禀赋差异视角认为，产业地理集聚发生在具有比较优势的地区；新贸易理论和新经济地理理论从垄断竞争和规模报酬递增视角认为，产业地理集聚倾向于发生在市场规模或者市场潜力较大的地区。但是，这些理论研究都有一个共同的特点，就是或多或少地将空间外部性因素纳入分析范式。其实，最早对产业地理集聚提出理论解释的是亚当·斯密。他从劳动分工视角阐述了规模报酬递增和经济增长的根本源泉，并论证区域分工的合理性及其福利效果。而且，亚当·斯密的分工理论为产业地理集聚的发生以及生产率如何随着集聚而提高，提供了源泉解释（Duranton and Puga，2003）。事实上，分工、空间外部性与产业地理集聚之间存在着深厚的理论渊源和深刻的内在逻辑联系。因此，本章就主要根据"分工—空间外部性"这一线索，对产业地理集聚理论进行细致梳理，并构建产业地理集聚研究的"分工—空间外部性"理论模型和分析框架，为农业地理集聚研究中的理论框架构建和实证研究提供理论依据和支撑。

第一节 产业地理集聚研究的逻辑起点：
分工与专业化

一　斯密定理

从古典经济学兴起之初，分工与专业化思想就一直是其精髓所在。对产业地理集聚的研究最早可以追溯到亚当·斯密（Smith，1776）在《国民财富的性质和原因的研究》中阐述的分工与专业化理论。亚当·斯密认为，推动经济增长的最根本原因是劳动分工的日益深化和不断演进，因为劳动分工可以通过提高劳动者的熟练程度、节约劳动者在不同工作之间的转换时间、促进新机器和新技术的发明和应用来提高劳动生产率。"劳动生产力上最大的增进，以及运用劳动时表现的更大的熟练、技巧和判断力，似乎都是分工的结果"。而且，劳动分工必然形成专业化，劳动分工的专业化会促进技术变迁、人力资本以及知识的积累，进而产生规模报酬递增。但是，劳动分工的进一步深化和演进取决于市场规模的扩大。关于市场规模，亚当·斯密从地理视角提出的解释认为，限制市场规模扩张的主要因素是运输条件。分工是经济增长的根本源泉，分工受限于市场规模，而市场规模受限于运输条件，这就是斯密定理的主要内容。

二　杨格定理

杨格（Young，1996）在《报酬递增与经济进步》中进一步发展了斯密的分工与专业化理论，阐述了分工的内生演进机制。杨格认为，在迂回生产的经济中，随着劳动分工的不断深化和演进，生产者的专业化水平不断提高，生产专业化程度不断加深，迂回生产中的分工链条不断拉长，不同产业专业化分工①之间的协调更加紧密，这会提高最终产品的劳动生产率，扩大市场交易规模，从而产生规模报酬递增和形成规模经济；反过来，规模经济的形成和发展可以大幅降低生产的单位成本，增强消费者的收入购买力，这会导致市场规模的扩大，进而促进专业化分工的深化和发展。杨格的上述分工与专业化思想可以总结为：（1）不断累进的劳动分工与专业化经济是劳动生产率提高和经济增长的最重要源泉，也是规模报酬递增的实现机制。（2）迂回生产方式是现代经济的劳动分工表现和规模报酬递增的实现路径。（3）市场规模制约着分工的深化，分工限制着市场规模的扩大。产业间分工是规模报酬递增的重要媒介，因为产业间分工可以更充分地实现迂回生产方式的

---

①　杨格用个人专业化水平、间接生产链条的长度、生产链上每个环节中产品种类数来描述分工。

经济效率①。这就是杨格定理的主要内容：分工一般的取决于分工②，即市场规模引致分工的深化，分工的深化又引致市场规模的扩大，这是一个循环累积、互为因果的正反馈演进过程。在经济增长过程中，市场规模是内生的而不是给定的约束。

三　以杨小凯为代表的新兴古典经济学的分工与专业化理论

20 世纪 80 年代以来，以杨小凯为代表的新兴古典经济学家运用超边际分析方法，将斯密、杨格的"分工与专业化"思想转化成经济均衡模型。在新兴古典经济学的分析框架之中，分工演进是经济增长的一条主线。新古典经济学强调，分工是一种能产生规模报酬递增的制度安排和经济组织结构性安排，因为分工的演进产生技术进步，促进个人与个人、个人与组织、组织与组织关系的协调，促使经济组织的结构性转变等，从而提高劳动生产率。

新古典经济学分工与专业化思想的核心内容有：（1）分工是交换的产物，而分工必然导致专业化，经济增长就是分工与专业化不断演进的过程。因为，分工与专业化能促进人们专业知识的积累以及加快知识积累速度，能提高人们获得技术性知识的能力，从而提高劳动生产率以实现规模报酬递增。同时，劳动生产率提高促使人们选择较高层次的分工和专业化水平，这会促进技能改进、经验和知识累积，从而促进劳动生产率进一步提高，分工演进加速。这就是"分工与专业化—经济增长"的因果累积循环机制。（2）分工演进受交易费用制约，交易费用取决于交易效率，交易效率提高能进一步推动分工的演进。分工程度越高，劳动生产率也就越高，但是交易费用也较高。分工的演进程度以及所得的分工收益（即专业化经济）与交易费用增加之间存在两难冲突，这是分工演进的基本约束和运行机制。分工收益与交易费用的相对比较和权衡使得分工演进呈

---

①　单个企业通过迂回的方法经营所达到的经济的程度是有限的。但当某种迂回方法的优势包括整个产业的产出时，这种迂回方法就变得切实可行和经济了。

②　杨格定理中的两个分工"绝不是同义反复"，这说明"存在一种不断战胜走向经济的均衡的力量的反作用"，即存在一种正反馈机制，这种机制能使劳动分工以累进的方式自我繁殖。梁琦（2009）指出，杨格定理中的前一个"分工"是斯密所侧重的组织内部分工，后一个"分工"是指产业间分工或者社会分工。如此，杨格定理可以表述为：组织内部分工受市场规模的限制，市场规模又受产业间分工或者社会分工的限制。

现出一个具有良性循环特征的自发演进过程①。（3）交易费用②分为内生交易费用和外生交易费用。内生交易费用主要是由人们的机会主义行为（如欺骗、道德风险等）造成，可以看作是市场均衡与帕累托最优之间的差别，主要由经济主体个体决策以及它们所选择的组织结构和制度安排所决定；外生交易费用主要是指那些在交易过程中直接或者间接发生的费用，这些交易费用与各种自利决策之间因利益冲突而产生的经济扭曲没有关系，并且这些费用取决于交易技术、制度安排及其变迁。内生交易费用与外生交易费用对分工演进都有重要影响，但相比较而言，内生交易费用的影响更大。通过交易制度的规范和完善、组织制度创新，可以使得交易费用得到降低。因此，组织创新及组织制度变迁对分工演进有着决定性作用。

　　综合斯密、杨格和新兴古典经济学的分工与专业化思想，我们可以清晰地看到：（1）分工既是一个技术概念，也是一个经济组织和制度安排的概念；（2）从动态看，分工是一个发展过程，分工具有内在的演进机制，是经济组织演进和结构变化以及制度变迁的本质原因；（3）分工既是经济增长的原因又是其结果，两者之间是一个因果累积的过程，体现了规模报酬递增机制，因而，分工具有规模报酬递增的性质。由此可见，经济增长的过程实质上就是一个分工不断深化和演进以实现规模报酬递增的过程，经济增长及其规模报酬递增来源于专业化的分工经济。经济增长的内在逻辑就是：经济增长滥觞于劳动生产率的提高和规模报酬递增；劳动生产率的提高和规模报酬递增导因于分工和专业化程度的加强；分工和专业化程度的加强来源于市场规模的扩大，分工演进与专业化经济发展受交易费用制约。如果删繁就简，我们就可得到这样一个经济增长模型：市场

---

　　①　在经济增长的初始阶段，因人们缺乏生产经验，生产率和专业化经济较低，难以支付交易费用，以致人们只能选择自给自足。随着人们生产经验的逐步累积，生产率也得以逐渐提高，经济开始逐步增长，人们也可以支付一定的交易费用，开始互通有无，由此开始产生初步的分工与专业化生产。由于专业化生产加速了经验积累和技能改进，这会促进生产率进一步提高，经济增长逐步加快，人们承担较高交易费用的能力进一步增强，由此人们会选择更高水平的分工与专业化生产，形成内生技术进步和经济增长，在此基础上，分工与专业化生产水平进一步提高。

　　②　交易费用概念最早由科斯（Coase，1937）提出，并将交易费用解释为"利用市场价格机制协调经济活动的成本，是获得准确的市场信息所需要付出的费用"。威廉姆森（Williamson，1975）认为交易费用就是："经济系统运转所要付出的代价或费用，即利用各种经济制度安排的成本。"

规模扩大和交易制度变迁⇨分工和专业化加强⇨劳动生产率提高和规模报酬递增⇨经济增长。在该模型中，斯密定理只是指出了分工与市场规模之间的直线因果关系，而杨格定理则是循环累积因果关系，新兴古典经济学指出了分工与市场规模以及交易费用之间的关系。

四　产业地理集聚是分工的空间组织形态

分工作为人类经济活动和经济增长的基本原则，其所引致的劳动生产率提高和规模报酬递增不会自动实现；而且，分工在促进劳动生产率提高和带来规模报酬递增的同时，分工层次的增加也带来了交易费用的增加。所以，分工所引致的劳动生产率提高和规模报酬递增需要某种特定而有效的经济组织形式作为载体。分工所处的状态决定着劳动、资本和技术的组织方式和行为方式。实际上，分工也是经济组织的基本原则，分工的内生演进机制决定了经济组织的产生与发展。"劳动分工并不是 18 世纪制针厂奇特的实践，而是经济组织的基本原则"（施蒂格勒，1989）。在新古典经济学框架内，经济组织形式有两种：完全竞争的市场组织和等级制的企业组织。市场和企业是两种可以成为相互替代的协调生产的手段（Coase，1937）。企业组织的协调主要是通过企业内部的强制调节来实现，而市场组织则主要是通过价格机制来自动调节。可见，市场和企业是分工最基本的两种经济组织形态，这就是传统的经济组织形态两分法。然而，这种两分法忽视了企业之间的合作现象，也抽象掉了介于企业强制调节与市场价格自动调节的中间组织形态。威廉姆森（Williamson，1975）最早关注了这些中间组织形态，他认为在经济组织形态的连续谱系中，企业和市场分别位于连续谱系的两端，在它们之间存在一系列连续的、无数个企业与市场相混合的"准市场组织"形态，并且认为它是比市场更有效、比企业更灵活的协调方式。在此基础上，拉森（Larsson，1993）提出了三种并存形式的协调经济活动的经济组织形态：企业科层组织、市场组织和中间性组织，这三种组织形态都是有效率的用于组织分工的不同形式。其中，中间性组织由于兼具市场组织和企业组织的双重优点，能够同时运用价格机制和权威机制来配置资源，其逐渐成为分工组织的更为一般的形态（钱学锋、梁琦，2007）。

从空间视角看，产业地理集聚就是一种中间性组织，是分工的空间组织形态。产业和企业在地理空间上的集聚这一经济现象以及这一分工的空间组织形态，在客观上早就为敏锐的经济学家所关注。亚当·斯密（Smith，1972）认为，许多类型的产业，即使是最初级的那种，也必须布局在一个大的城市当中。具有分工性质、专业化程度较高的企业在特定地区集聚，这是地方性工业的原始形态，这些特定地区可以被称为"产业区"（Marshall，1890），这是一种典型的工业组织。尤其是产业间劳动分工的扩大，可以促进产业经营的更好的地理分布，"一系列工业过程中的重要部分就是要考虑靠近某种原材料或便宜的动力供给地，也要考虑靠近其他产业或廉价的交通地，以及靠近人口更密集的中心。更专业化的产业可以把区位优势和某些较小的折中因素更好地结合起来"（Young，1996）。克鲁格曼（Krugman，2002）认为，许多行业的生产在空间上相当集中，经济活动最突出的地理特征就是集中，而且这种生产在地理上的集中正是某种规模报酬递增的普遍影响的明证。克鲁格曼（Krugman，2002）在以下段落中描述了规模报酬递增在许多层次上影响了经济地理：

> 在最低的层次上，一些特定行业的区位——汽车在底特律，芯片在硅谷——很明显通常反映的是被"锁定"的转瞬即逝的优势。在中等层次上，城市本身的存在就明显是一种规模报酬递增现象。在最高的层次上，整个地区的不均衡发展（在美国可能比在欧洲国家更均衡）可以是由累积过程驱动的。这些过程又是根植于规模报酬递增的。
>
> ——［美］保罗·克鲁格曼：《地理与贸易》，张兆杰译，
> 北京大学出版社 2002 年版，第 10 页。

显然，克鲁格曼的上述描述明确表明，源于分工的规模报酬递增在某种程度上需要借助于经济活动的地理集聚这种空间分工组织形态来实现。当我们审视地理—经济地图时，会发现地理集聚和分散趋势都存在，但是经济活动有很强的集聚到地方化的地理集群中的倾向（彼得·迪肯，2007）。

第二节　区域分工—贸易理论演进与产业地理集聚

如果考虑分工的地理空间内涵，分工与专业化就有了地缘广度，分工

也就演化到区域分工层级上。所谓区域分工，是指社会劳动分工在地理空间上的表现形态，主要表现在：一是生产力"趋优分布"规律作用下的地区专业化；二是区域利益诱使下的区际贸易和国际贸易，因为区域分工生产的产品不仅仅用于当地消费，还要通过区际交换来实现专业化部门生产的产品价值和获得其他地区所生产的产品，这便产生了区际贸易，当区域分工超越了国界时，便产生了国际贸易。区域分工具有非常明显的特征：（1）区域要素差异是产生区域分工的充分条件；（2）地区间的紧密联系、一定的运输条件、商品的可运输性和可贸易性是区域分工深化和发展的基础；（3）地区专业化生产和贸易是区域分工的重要表现形式，也是区域分工的重要机制；（4）区位和贸易是区域分工的两面，决定一面的力量同时也决定了另一面①；（5）区域分工具有层次性，既有国内各地理层次上的区域分工，也有全球层次上的国际分工。经济学说史上的新古典贸易理论、新贸易理论和新经济地理学理论就深入研究了区域分工与贸易以及产业地理集聚之间的必然联系。

一　新古典贸易理论

亚当·斯密（Smith，1776）在《国富论》中把一国内部不同职业之间的分工原理推演到国家或者地区之间的分工，论证了区域分工的合理性，并提出了基于区域禀赋差异的绝对优势理论。各个国家或者地区应该按照生产成本最低的原则专业化生产具有绝对优势②的产品，并用此产品进行区际贸易和国际贸易，这将会大大提高劳动生产率和拓展市场规模，从而促进相互贸易的国家或者地区国民财富的增加。从中我们可以发现，国家或者地区间的禀赋差异导致区域分工，区域分工形成国家或者地区生产专业化和区际贸易、国际贸易。李嘉图（Richardo，1817）在亚当·斯密绝对优势理论的基础上提出了比较优势理论，认为即使一国或者地区内

---

① 艾萨德（2011）认为，如果不同时解释清楚贸易的原因，区位问题就不能得到解释；同时，如果区位不能同时得到确定，贸易也不能被解释。所以艾萨德将贸易理论与区位、空间经济的一般理论当做一回事。

② 亚当·斯密假设每一个参与贸易的国家或者地区都有一个具有绝对优势的生产部门，这里的绝对优势主要包括：（1）自然性绝对优势，即超乎人力范围之外的气候、土地、矿产和其他相对固定的优势；（2）获得性绝对优势，即工业发展所取得的经济条件，例如，资金、技术以及通过教育或者培训所获得的生产技巧和工艺。一国或者地区在生产和输出某种产品上具有以上两种绝对优势，也就是具有劳动生产率绝对优势。

部没有具有绝对优势的生产部门，各种产品的生产成本都不能绝对地低于另一国或者地区，两国或者地区间仍然可以根据"两利相权取其重，两弊相权取其轻"的原则进行专业化分工生产自己具有比较优势的产品①，并进行贸易交换。这样不仅会促进各国或者地区资源的优化配置和充分利用，而且还会形成国家或者地区间的专业化生产和产业地理集聚。同时，各国或者地区按照比较优势参与贸易，还能从中得到贸易利益。在李嘉图比较优势理论基础上，赫克歇尔（Heckscher，1919）和俄林（Ohlin，1933）提出了生产要素禀赋理论（$H-O$理论）②，认为分工与贸易产生的唯一源泉是生产要素禀赋的区域差异，生产要素的空间异质化将导致区域分工和产业地理集聚。由于各国或者地区生产要素价格和产品生产要素密集度的不同，将导致产品生产成本的差异，产生比较成本差异，从而形成国家或者地区不同的比较优势。因此，在商品自由流动的条件下，各个国家或者地区应该在区域分工贸易体系中专业化生产相对密集使用其要素禀赋相对丰富的产品并出口，充分发挥自己的生产要素优势以发展具有比较优势的产业，形成地区专业化产业地理集聚。

　　新古典贸易理论主要是在完全竞争、同质产品和规模报酬不变的理论框架下说明了，国家或者地区间先天赋予的资源和要素禀赋差别、生产技术差别是区域分工—贸易的动因，并用"比较优势"较好地解释了20世纪中期之前的产业地理集聚、贸易模式和格局。但是，到了20世纪70年代，大部分区际贸易和国际贸易发生在具有相似技术水平和要素禀赋的国家或者地区之间；跨国公司的迅猛发展、规模报酬递增以及经济一体化导致产业内贸易的大幅增加；并且特定产品的生产过程被分拆成不同的生产阶段并分散到不同国家或者地区进行生产，特定产品的垂直贸易方式盛行和贸易量大幅度增加。显然，区域分工对象已从产业间分工深入到在产业

---

　　① 李嘉图认为即使一国或者地区在两种产品的生产上都具有绝对优势，生产成本较之于另一国或者地区均很便宜，但是，两国或者地区间也一定存在相对成本差异，即将两种产品的生产成本进行相对的比较，一定是一国或者地区生产某种产品的相对成本更低，而另一国或者地区生产另一种产品的相对成本更低。可见，两个国家或者地区均有具有比较优势的产品。这种比较优势源于外生的生产技术水平差异。

　　② 赫克歇尔—俄林定理（The Heckscher-Ohlin Theorem）是瑞典经济学家赫克歇尔于1919年首先提出，俄林于1933年在其《区际贸易与国际贸易》一文中予以发展和完善的理论。

内进行产品分工、从产品层面深入到产品的工序层面进行价值链分工①。
对于这些区域分工—贸易新现象，以比较优势为核心的传统贸易理论显得
苍白无力，遭遇许多解释上的困境②，由此，新贸易理论和新经济地理理
论应运而生。

二　新贸易理论

迪克西特和斯蒂格利茨（Dixit and Stiglitz，1977）基于差异化产品和
垄断竞争的基本假设建立了一个规模经济和多样化消费之间的两难冲突③
模型（简称 $D-S$ 模型）。他们发现，形成一个规模扩大的统一市场以发
挥规模经济的优势和作用，能增大解决两难冲突的空间。而且，市场竞争
能使两难冲突达到一定的或者是一种次优的均衡：每个企业生产一种差异
性产品，形成垄断竞争市场结构和规模经济生产，这样既能满足消费者多
样化和廉价的消费需求，又能使企业获得一定程度的垄断利润。为了实现
规模经济效应并使运输成本最小化，企业倾向于集中在市场规模（用人
口规模表示）较大的特定区域，形成产业地理集聚现象，这样可以内生
决定消费品的数量和种类。因此，即使两国或者地区的要素禀赋条件和技
术比较优势相同，如果存在规模经济，则两国或者地区也可以进行产业内
的分工与专业化生产，并展开区际贸易和国际贸易。新贸易理论的创始性
模型就此形成，并且 $D-S$ 模型为处理规模报酬递增和不完全竞争提供了
崭新的技术工具。

20世纪70年代末80年代初，克鲁格曼（Krugman，1979，1980）、
迪克西特和诺曼（Dixit and Norman，1980）、赫尔普曼和克鲁格曼（Help-
man and Krugman，1985）等学者利用 $D-S$ 模型把不存在要素禀赋差异和

①　价值链分工是指特定产品的生产环节跨国界分布并通过垂直贸易链相互连接的分工现
象。价值链主要是指一种产品在生产过程中所经历的从原材料处理到最终产品形成以及形成后的
各个前后有序的价值增值阶段，包括研究开发和设计、原材料和机器设备购买、生产制造、仓储
和运输、市场营销、售后服务、品牌运作和商业模式等诸多环节。

②　赫尔普曼、克鲁格曼（2009）指出了新古典贸易理论所遇到的四种困境：无法解释现有
贸易量；无法解释现有贸易构成；无法解释公司内贸易和外商直接投资的现有规模和作用；无法
解释贸易自由化的福利效应。

③　两难冲突是指消费者追求多样化消费和企业追求生产规模经济之间的矛盾。因为，从需
求角度看，消费者为获得最大化效用具有消费多样化产品的偏好，要求产品的品种越多越好；而
从供给角度看，企业为使生产成本最小化具有追求单种产品生产规模经济的倾向，这就使得企业
在资源约束条件下要求产品的品种越少越好。

比较优势条件下规模经济和不完全竞争导致区域分工与贸易的思想赋予了规范化的形式，并宣告了新贸易理论的正式诞生。克鲁格曼（Krugman，1979）在其论文《收益递增、垄断竞争与国际贸易》[①]中建立了一个由规模经济而不是由要素禀赋或技术差异引起的贸易模型，最终得出的结论认为，即使两国或者地区的技术和要素禀赋基本一致，但是也会由于规模经济而产生专业化分工与贸易，贸易可能仅仅是扩大市场规模和取得规模经济的一种途径。随后，克鲁格曼（Krugman，1980）又在论文《规模经济、产品差异和贸易模式》的贸易模型中进一步引入运输成本因素并提出了著名的"本地市场效应"[②]理论，由于规模报酬递增和运输成本的存在，生产活动会倾向于在市场需求规模较大的国家或者地区形成集聚，因此，市场规模较大的国家或者地区将会生产更多数量的产品，而且会成为该差异性产品的净出口国。

三　新经济地理理论

20世纪80年代末90年代初，以克鲁格曼、藤田昌久、维纳布尔斯为代表的经济学家，在规模报酬递增和不完全竞争的假设前提下，基于$D-S$模型，引入运输成本、外部经济、要素流动、产品差异性和路径依赖等因素，研究分析了经济活动的地理集聚机制和过程，并由此创立了新经济地理学（NEG）。其中，克鲁格曼的中心—外围模型为NEG理论的最基础核心模型。该模型考虑了规模报酬递增、垄断竞争和运输成本的一般均衡分析框架，通过劳动力的跨地区流动探讨了制造业地理集聚发生的内在机制，并阐述了其"循环累积因果"形成的具体过程。研究结果表明，制造部门为了在降低运输成本的同时实现规模报酬递增，会在一些集聚力[③]及前后向联系的作用下形成地理集聚，而且，这种地理集聚又会在

---

①　这篇论文长度仅10页，不仅包含了新贸易理论的核心内容，可以解释产业内贸易模式，而且还蕴含了新经济地理学的思想雏形，可以在一般均衡模型框架内严密分析生产要素和经济活动的区位选择问题。

②　本地市场效应揭示了一种重要的产业空间集聚的动力来源，从需求角度有效解释了为什么一国或者地区在生产某一特定产品上具有优势。

③　集聚力主要包括本地市场效应和价格指数效应。本地市场效应（又称市场接近效应）是指垄断竞争制造部门倾向于选择在市场规模较大的地区组织生产，并将其中的一部分产品运输到市场规模较小的地区出售；价格指数效应（又称为生活成本效应）是指劳动力会选择在制造部门集中的地区居住。

循环累积因果的机制下自我强化，由此两个对称的地区演变成一个中心—外围结构（一个地区成为制造业中心，另一个地区则成为农业外围）的产业地理集聚模式。中心—外围结构形成和演化的基本逻辑为运输成本、规模经济和制造业份额（即需求因素）的相互作用，以及由此产生的集聚力和分散力①的相对强弱。集聚力主要包括本地市场效应和价格指数效应。上述两种效应在劳动力跨地区流动的促动下会形成"前后向联系（或者称为循环累积因果过程）"。

在中心—外围模型的基础上，Fujiat and Thisse（1996）建立了产业地理集聚分析的完整理论框架，把产业地理集聚形成的原因归结为三种：完全竞争条件下的外部经济；垄断竞争条件下的报酬递增；企业之间的战略竞争。进一步，Ottaviano and Thisse（2002）认为新经济地理理论关注的主要是货币外部性而不是技术外部性，并指出 NEG 理论的五方面核心思想：一是报酬递增与运输成本之间的相互作用导致经济活动的空间分布发生变化；二是产业地理集聚就是需求与供给循环累积的结果；三是当不同企业所生产的产品存在较大差异而运输成本较低时，企业趋于集聚；四是价格竞争、土地价格和运输成本的上升，会促使消费与生产的分散；五是城市对劳动者、消费者具有较强吸引力，因为城市集中了专业化劳动力市场和大量最终产品。

NEG 理论作为空间要素与产业地理集聚的新结合，实现了区位理论与贸易理论的有机整合，成为迄今为止研究产业地理集聚与集聚经济的主流经济学理论。正如刘长全（2009）所指出的，NEG 的理论来源与模型特点都决定了其非常适合分析市场深化与经济一体化过程中的产业分布变化和产业地理集聚趋势等，以及此过程对企业生产率、要素价格、福利等的影响。

对区域分工—贸易和产业地理集聚的理论解释，新古典贸易理论强调要素禀赋的区域差异和"先天优势"对产业地理集聚的影响；新贸易理论引入规模经济和本地市场效应，强调内生的"后天优势"对产业地理集聚的影响；而新经济地理学突出规模报酬递增、前后向联系和循环累积因果机制等。表 3 - 1 对上述几种区域分工—贸易理论作了较为详细的

---

① 分散力主要为市场拥挤效应（又称市场竞争效应），是指垄断竞争制造部门倾向于选择在竞争者较少的地区组织生产。

比较。

表 3 - 1 　　　　　　　三种区域分工—贸易理论的比较

	新古典贸易理论	新贸易理论	新经济地理理论
市场结构	完全竞争市场	垄断竞争市场	垄断竞争市场
生产技术	规模报酬不变	规模报酬递增	规模报酬递增
产品差异性	同质产品	差异化产品	差异化产品
贸易决定因素	比较优势	规模经济和贸易成本	规模经济和贸易成本
分工形态与贸易结构	产业间分工；产业间贸易	产业间分工、产品分工；产业间和产业内贸易	产业间分工、产品分工与价值链分工；产业间和产业内贸易
产业区位决定因素	技术差异；要素禀赋差异；要素密度差异	规模经济强度；差异化产品的替代弹性；本地市场规模（外生决定）	规模经济强度；差异化产品的替代弹性；金融外部性（劳动力市场池、投入—产出联系、迁移引致的需求联系）；技术与知识溢出效应；贸易成本
经济活动分布	外生分布（要素禀赋决定）	内生分布（本地市场效应）	内生分布（要素流动性）
地理集聚均衡	单一均衡	单一均衡；U 型	多重均衡；U 型

资源来源：根据 Brulhart（1998）和 Surieo（2004）的相关文献内容整理。

第三节　分工、空间外部性与产业地理集聚

一　空间外部性的提出及其发展

1. 马歇尔的空间外部性思想

亚当·斯密、杨格的分工与规模报酬递增思想在马歇尔（Marshall，1890）的《经济学原理》中，主要体现在分工所导致的外部规模经济上。马歇尔认为，规模效应所带来的报酬递增可能是内部的或者外部的，"如果一种产品生产规模的扩大有赖于从事这种工业的个别企业的资源、组织

和经营效率，则为内部规模经济；如果有赖于这种工业的一般发达的经济，则为外部规模经济，这种经济往往能通过许多性质相似的中小企业集中在特定区位而获得"。"代表性企业的规模有赖于产业的扩张，在产业扩张中，有些决定于种类相近的生产总量，有些尤其是与知识的发展和技术的进步有关的那些经济则主要决定于整个文明世界的生产总量。"而且，自然在生产上所起的作用呈现出规模报酬递减的倾向，而人类所起的作用则呈现出规模报酬递增的倾向。根据马歇尔的上述观点，外部经济的自然增长是规模报酬递增的重要源泉，在经济集聚现象的形成过程中，外部性是一个关键性因素。这种外部性本质上就是空间外部性，是企业等生产者在空间接近过程中产生的效应①。马歇尔认为，产业地理集聚的空间外部性主要来自四种力量：一是劳动力市场的共享，使得企业获得了更稳定的劳动供给，劳动者获得了更稳定的就业机会；二是中间投入品和专业化服务的共享，促进了分工的深化；三是技术和知识的溢出效应，促进了新思想、新技术和新知识的迅速扩散，从而促进更多创新的出现；四是现代化基础设施的存在。

2. 空间外部性的发展

自从马歇尔首次提出空间外部性的概念后，空间外部性问题一直是经济学中较为复杂和重要的议题。而且，外部经济是经济学文献中最难以捉摸的概念之一（Scitovsky，1954）。韦伯（Weber，1909）首先提出了基于空间外部性的"集聚经济"概念，把影响工业区位的因素分为区域因素和位置因素，前者主要包括运输费用和劳动费用②，后者主要包括集聚因素和分散因素③。集聚分为纯粹集聚和偶然集聚两种类型，纯粹集聚是由技术性和经济性的集聚利益而产生的集聚，这是集聚持续发展的内在驱动力；偶然集聚则是受交通、自然资源条件等因素影响而产生的集聚，即由运输费用指向和劳动费用指向的结果带来的集聚。其实，杨格关于分工、规模报酬递增和经济组织结构演进之间关系的核心思想，其重要思想

---

① 引自刘长全《基于外部性的产业集聚与集聚经济研究》，载《上海经济研究》2009 年第 3 期，第 99—107 页。

② 运输费用是形成工业区位基本格局的基础区域性因子，运输费用为重量和运距的函数，并且成比例增加，因此，企业应在消费地与原料产地之间寻找最小运费点作为区位选择。劳动费用是导致运费所形成的工业区位格局发生变形的区域差异性因子。

③ 集聚和分散因素是导致运费所形成的工业区位格局发生第二次变形的位置性因子。

基础之一就是"外部性"的概念（贾根良，1996），也蕴含着"外部经济"的思想①。

胡弗（Hoover，1936）将马歇尔的空间外部性分为本地化经济与城市化经济，前者是指同一产业的不同企业集聚在一个地方生产所带来的经济效应，这是与地区产业规模相关的规模经济；后者则是指同一区位的不同产业集聚在一个地方生产所带来的经济效应，这是与地区整体经济规模相关的规模经济。与马歇尔的空间外部性理论相比，胡弗认为，外部经济主要是根据产业部门的特征来界定，并且外部性的空间规模也具有差异性，根据产业部门的变化而变化。艾萨德（Isard，1956）在韦伯集聚理论和胡弗集聚经济分类的基础上认为，地方化经济可以在韦伯的总运费最佳点形成，但它必须与由于在这点形成集聚而引起的运输费用增量相比较。地方化经济来源于大量可以利用的熟练工人、更为充分地使用专门化和辅助性的设备、通过共同的经纪人和批发商大批量地购买和销售等。

进一步，藤田昌久和蒂斯（2004）将本地化经济和城市化经济称为马歇尔外部性，本地化经济强调专业化集聚的作用，城市化经济则强调多样化集聚的作用。彼得·迪肯（2007）提出了基于空间外部性的两类地理集聚：一般化集聚和专业化集聚。一般化集聚反映了人类活动倾向于集聚以形成城市的事实，这种集聚为共享一整套服务成本提供了基础，其益处被称为城市化经济；专业化集聚反映了相同或者相近产业中的企业倾向于集聚在相同地点的趋势，即构成产业区或者产业空间，其益处被称为本地化经济。

二 空间外部性是解释产业地理集聚的关键性因素

虽然，马歇尔的研究没有明确产业地理集聚的机理是什么，但空间外部性的提出却为后续的产业地理集聚研究奠定了良好的理论基础，尽管后续研究在视角和方法上可能存在一定的差异性，但是取得了一个共识：空

---

① 随着产业间劳动分工的扩大，一个企业以及它作为部分构成的产业，失去了其统一性。这个企业内部经济分解成为专业化程度更高的各个企业的内部经济和外部经济。这些专业化程度更高的企业是其后继者，并且由新的经济所补充。单个企业通过迂回的方法经营所达到的经济的程度是有限的，但当某种迂回方法的优势包括整个产业的产出时，这种迂回方法就变得确实可行和经济了。因此，这些潜在的经济分别为专业化的企业通过经营而取得，这些专业化企业合起来构成了一个新产业。——转引自［美］阿林·杨格《报酬递增与经济进步》，贾根良译，载《经济社会体制比较》1996年第2期，第52—57页。

间外部性既是产业地理集聚产生的原动力，又是产业地理集聚的后果，空间外部性是解释产业地理集聚时不可忽略的关键性因素。正如梁琦（2004）所指出的，空间外部性与产业地理集聚的重要性，一言以蔽之，凡是不能用自然禀赋来解释的产业地理集聚，就是由所谓的空间外部性所致。最近 25 年来的经济实践，尤其是流动性的日渐增强，使我们更有理由将对产业地理集聚的解释建立在外部而非内部规模经济上（Gordon and McCann，2000）。如果要解释经济活动的空间分布，尤其是要解释经济活动的空间集聚以及区域专业化的形成过程，"空间不可能性"定理[1]告诉我们，以空间外部性的存在为前提是重要路径之一（Fujita and Thisse，2003）[2]。产业地理集聚现象是"滚雪球效应"的产物，在这一效应过程中，不断增加的经济行为人愿意集聚起来以获得来自于更大的经济活动多样性和更高的专业化程度的利益[3]。

正是因为经济行为人在空间上的集聚能够获得空间外部性所带来的许多好处从而实现规模报酬递增，分工产生的空间外部性可以理解为产业地理集聚的重要来源。这主要包括两层含义：一是分工演进与深化是具有空间外部性的产业出现的根本源泉；二是该类产业一旦形成并独立化，就以其特有的外部经济效应引起产业地理集聚。

三　空间外部性的来源：金融外部性与技术外部性

根据西托夫斯基（Scitovsky，1954）的研究，空间外部性首次被分类界定为金融外部性和技术外部性。金融外部性是指由产业的市场关联（或者称为前后向关联）导致的空间外部性，主要通过价格机制影响成本

---

① 斯塔雷特（1978）提出的空间不可能性定理是指，在考虑一个具有有限个区位的经济，如果空间是同质的，在存在运输成本且偏好局部非饱和时，不存在包含区位间商品运输的竞争性均衡，其本质是生产要素流动与国际贸易在新古典的世界中是不相容的。这个定理意味着，如果经济活动是完全可分的，则存在竞争性均衡，并且每一区位都成为自给自足的，即生产要素流动完全替代贸易，因而没有区际商品贸易；如果经济活动不是完全可分的，则十分复杂的相互关联的经济活动集聚将导致运输成本，此种情况下不存在竞争性均衡。——引自［法］皮埃尔－菲利普・库姆斯、［法］蒂里・迈耶、［比］雅克－弗朗科斯・蒂斯《经济地理学——区域和国家一体化》，安虎森等译，中国人民大学出版社 2011 年版，第 33 页。

② Fujita and Thisse（2003）认为对产业地理集聚的解释可以遵循三条基本路径：（1）放弃均质空间假定；（2）以外部性的存在为前提；（3）以规模报酬递增和不完全竞争为前提。

③ 转引自［日］藤田昌久、［比］雅克－弗朗科斯・蒂斯《集聚经济学——城市、产业区位与区域增长》，刘峰、张雁、陈海威译，西南财经大学出版社 2004 年版，第 12—13 页。

或者利润；技术外部性是指由技术扩散、知识溢出和人力资本溢出等导致的外部性，主要通过直接影响企业生产函数的过程来实现。克鲁格曼（2000）认为马歇尔的中间投入品共享和劳动力共享实际上就是金融外部性，而知识溢出则是技术外部性。由此可见，马歇尔所提出的空间外部性，实际上强调的就是金融外部性和技术外部性对产业经济活动空间集聚的共同影响，产业在空间上的集聚能够获得这两种空间外部性所带来的诸多收益。梁琦（2009）更进一步指出，空间外部性有金融外部性与技术外部性之分，它们都是产业地理集聚的重要来源。

1. 金融外部性与产业地理集聚

在西托夫斯基关于金融外部性的定义基础上，新经济地理学文献把生产者之间相互作用的金融外部性扩展到生产者与消费者之间，认为金融外部性主要指通过需求和供给联系（即前向关联和后向关联）带来的空间外部性[①]。在此基础上，大量新经济地理学文献着重探讨了集聚区域本地市场效应、价格指数效应和生产成本效应产生的以产业间或者产业内前后向关联为基本内容的金融外部性与产业地理集聚之间的内生互动关系，相关的理论研究已经较为清晰和成熟。而且，新经济地理学关注的主要是金融外部性而不是技术外部性，并且金融外部性的来源和内部机制非常明确，其作用大小主要由规模报酬、企业市场力、产品和要素的流动性等基本经济因素决定（Ottaviano and Thisse，2002）。在不完全竞争和规模报酬递增条件下，正是金融外部性产生的基于需求和供给关联的循环累积因果机制导致了产业的地理集聚和中心—外围空间结构的形成，其发生作用的主要力量是要素流动、投入产出关联和资本积累所产生的本地市场效应、价格指数效应和生产成本效应（见图3-1）。在基于 $D-S$ 模型的垄断竞争一般均衡框架下，相关新经济地理学文献至少证明了三种基于金融外部性的产业地理集聚机制：要素流动机制、垂直关联机制和要素积累机制。

在产业地理集聚的三种金融外部性机制模型中，Krugman（1991）的

---

① 甲地生产者数量增加会提高甲地工资水平，吸引更多工人流向甲地；这些流向甲地的工人又会增加甲地的需求规模，从而提高甲地生产者的利润水平，促使甲地生产者数量进一步增加，这又会导致甲地工资水平上涨，吸引更多的工人流向甲地。在上述过程中，任何参与主体的行为都通过价格机制对其他参与主体产生影响，这种影响就是金融外部性。

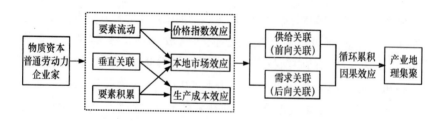

图 3 - 1　金融外部性与产业地理集聚

劳动力流动模型（ *FL* 模型）是核心模型，也是诸多扩展模型的基础①。在 *FL* 模型中，Krugman 说明了最基本的中心—外围空间结构演化形成的七个显著特征：（1）本地市场放大效应；（2）基于需求关联和供给关联的循环累积因果关系；（3）内生非对称性；（4）突发性集聚；（5）区位黏性；（6）驼峰状集聚租金；（7）重叠区和自我实现预期。

企业家流动模型（ *FE* 模型）假定企业家可以跨区流动，而一般劳动力不能跨区流动，农产品生产只使用一般劳动力，而工业品生产需要企业家和一般劳动力两种要素，并且企业家在流动中获得的收入应在企业家所在区位消费，在这些假定条件下，得出了与 *FL* 模型基本一致的研究结论。但是，在资本流动模型（ *FC* 模型）中，由于资本可以跨区流动，而劳动力和资本所有者不可跨区流动，并且资本收益要汇回到资本所有者所在区域消费。所以，不存在需求关联和供给关联的循环累积因果性的集聚力，而将集聚定义为经济活动的集聚进一步强化经济活动集聚的趋势，这种集聚产生于本地市场效应。

与要素流动的分析框架不同，垂直关联模型使用企业间的投入—产出关联（或者垂直关联）代替了区域间的要素流动，说明了即使没有要素的跨地区流动，产业之间的投入—产出关联效应也可以导致产业地理集聚，集聚是本地市场效应和企业间的投入—产出关联的互动结果。最基本的垂直关联模型是中心—外围垂直关联模型（ *CPVL* 模型）。该模型在增

①　这些模型大都具有相似的假设条件和分析范式，通常包括南方和北方两个区域，这些地区具有一样的初始条件、相同的消费者偏好、生产技术和资源禀赋等；制造业部门和农业部门两大部门，农业是生产单一同质产品的完全竞争部门，制造业则是供给大量差异化产品的不完全竞争部门，具有规模报酬递增的特性；物质资本和劳动力（既包括普通体力劳动力，也包括企业家才能、高级技能的高级人力资本）两种生产要素。当然，各个模型还有基于模型特点而设定的一些关键性假设（见表3－2）。

加企业间存在投入—产出关联、只有劳动力一种要素且只能在区域内跨部门流动的假设条件下，分析了劳动力跨部门流动产生的本地市场效应和生产成本效应，从而引起的基于需求关联和供给关联循环累积因果关系对产业地理集聚的影响。除了 CPVL 模型外，引入投入—产出关联的还有企业家垂直关联模型（ FEVL 模型）和资本垂直关联模型（ FCVL 模型），它们分别在 FE 和 FC 模型基础上引入投入—产出关联。总之，在这三个模型中，投入—产出关联都是导致产业地理集聚的金融外部性力量。

Baldwin（1999）强调了另一种导致产业地理集聚的金融外部性机制，即资本创造模型（ CC 模型），该模型说明了即使没有要素流动和投入—产出关联效应，要素积累（主要是资本积累）也会通过基于需求关联的循环累积因果作用导致产业地理集聚。集聚关键在于资本的生成和累积以及损耗，表现为优势区域（假定为北方）资本生成量大于资本损耗量从而不断产生资本积累，而劣势区域（假定为南方）正好相反，不断损耗资本的循环累积因果过程。由于劳动力不能跨区流动，所以与供给关联的循环累积因果关系不存在。表 3 - 2 对 D - S 模型框架下产业地理集聚的三种金融外部性机制进行了概括比较。

2. 技术外部性与产业地理集聚

关于技术外部性的存在性及其对产业地理集聚的影响，是无可争辩的。大多数内生经济增长模型都强调知识溢出等技术外部性在经济增长中的核心作用（Romer，1986，1990；Lucas，1988，1993），而且这种技术外部性与研究开发、产业经济活动的空间定位关系密切（Eaton and Kortun，1996）。知识溢出等技术外部性与产业地理集聚之间的逻辑关系非常显而易见，主要表现在知识溢出与产业集聚的内生互动。Audretsch and Feldman（1996）的研究结论认为，知识溢出的存在导致了产业经济活动的地理集聚，同时，地理集聚一方面提高了经济主体交换思想和认识初始知识价值的可能性，另一方面，还能降低科学发现和科学商业化的成本，从而促进产业地理集聚的发展和创新产出的增长。Krugman（1991）、Venables（1996）的研究明确指出，知识溢出和产业地理集聚之间不是单方面的关系，而是互相强化的内生关系，表现为累积循环因果关系。最近的研究发展了动态研究框架，并运用动态研究框架来分析知识溢出与产业地理集聚的内生互动的累积循环因果关系。Keely（2003）将知识溢出看作是异质性熟练工人交互作用的结果，认为随着这种知识溢出效应范围的

表 3 - 2　　D - S 模型框架下产业地理集聚的三种金融外部性机制的比较

集聚机制	代表模型及其人物	关键假设	基本特征	基本要义
要素流动	FL 模型, Krugman (1991)	制造业劳动力可跨区流动，而农业劳动力不能跨区流动	本地市场效应、循环累积因果关系、内生非对称性、突发性集聚、状态集聚租金、重叠区和自我实现预期	集聚是本地市场效应和要素跨区域流动的结果
	FE 模型, Forslid and Ottaviano (2003)	企业家可以跨区流动，而一般劳动力不能跨区流动		
	FC 模型, Baldwin, et al (2003)	资本可跨区流动，劳动力和资本所有者不能跨区流动	本地市场效应、驼峰状集聚租金	
垂直关联	CPVL 模型, Krugman and Venables (1995), Venables (1996)	企业间存在投入—产出关联，只有劳动力一种要素且只能跨部门流动	本地市场效应、内生非对称性、循环累积因果关系、区位黏性、突发集聚、驼峰状集聚租金、重叠区和自我实现预期	集聚是本地市场效应和企业间投入—产出关联互动的结果
	FEVL 模型, Ottaviano (2002), Ottaviano and Robert - Nicoud (2003)	企业间存在投入—产出关联，有劳动力和资本两种要素，其他假定同 FC 模型		
	FCVL 模型, Robert - Nicoud (2002)			
要素积累	CC 模型, Baldwin (1999)	物质资本和劳动力两种要素，且都不能跨区流动	本地市场效应、内生的循环累积因果关系、内生非对称性、区位黏性、突发性集聚、驼峰状集聚租金	集聚是本地市场效应和资本净累积互动的结果

资料来源：作者根据相关文献整理。

扩大，将形成工人之间的集群和技术集群的分布。Berliant 等（2006）通过建立一般均衡搜寻模型对知识溢出与集聚活动之间的内生互动关系进行了较为完善的模型化研究，认为要提高生产效率，拥有差异化知识的个体可以通过搜寻"搭档"来交换思想并创造新知识来实现，这将导致人口集聚，人口集聚又能促进知识溢出和产业经济活动的空间集聚，并且使知识交换方式更加专业化、更有效率。

但是，关于技术外部性的原因，长期以来却存在两种论点：一是多样化和竞争更有利于知识与技术的外溢；二是专业化和垄断更有利于知识与技术的外溢。马歇尔（Marshall，1890）、阿罗（Arrow，1962）、罗默（Romer，1986）的研究结论认为，在一个特定空间中，某行业产品生产的集聚能促进该行业企业之间知识与技术的外溢，这就是所谓的马歇尔—阿罗—罗默外部性（简称 MAR 外部性）；而雅各布斯（Jacobs，1969）的研究结论则认为，行业间具有差异性的企业集聚，一方面能促进行业企业之间知识与技术的外溢；另一方面能促进那些可以对知识产生较大回报的经济单元之间的互补性知识与技术的外溢，即多样化集聚有利于互补性技术和知识的产生及其传播，这就是所谓的雅各布斯外部性（Jacobs 外部性）。卢卡斯（Lucas，1988）的研究进一步指出，城市中的多样化集聚在创新和学习方面具有两大优势：一是促进重大技术的创新，一是促进各种技能和一般知识的产生、扩散和积累。对此，梁琦（2004）指出，Jacobs 外部性认为差异性和多样化更有助于创新和发明，而 MAR 外部性则强调专业化更有助于创新和发明。尽管存在关于技术外部性原因的两种不同看法，但是，不可否认的是，技术扩散和知识溢出等技术外部性是外部经济的重要内容，也是最根本的集聚力。

第四节　产业地理集聚研究的"分工—空间外部性"理论模型

至此，我们可以清晰地看到以分工为逻辑起点的研究产业地理集聚的空间外部性理论链（见图 3 - 2），看到空间外部性在产业地理集聚研究中的地位和重要作用。分工产生空间外部性进而导致规模报酬递增，空间外部性和规模报酬递增促使产业经济活动在特定区域产生集聚，在这里，空间外部性与规模报酬递增成为了分工与产业地理集聚之间逻辑联系的纽带，分工产生的空间外部性引起产业地理集聚。进一步，空间外部性分为金融外部性与技术外部性，并且基于外部性的产业集聚有专业化集聚与多样化集聚两种形态，产生本地化经济和城市化经济两种集聚经济形态。没有分工，就不会有空间外部性，也就不会有产业地理集聚的形成和发展：（1）没有分工，就没有生产过程中的上下游关联和市场上的需求—成本关联，金融外部性也就无法产生；（2）没有分工，也就没有专业化，技术和知识也就失去了其产生的源泉，技术外部性也就无法产生；（3）没有区域分工，各地区基于要素禀赋差异的比较优势就得不到充分发挥和利用，金融外部性和技术外部性也就无法充分发挥作用。所以，分工是产业地理集聚的根本源泉，产业地理集聚是分工得以顺畅进行以及规模报酬递增得以实现的空间组织形态。由此，分工是产业地理集聚研究的逻辑起点，空间外部性是产业地理集聚研究的核心。同时，在真实的空间经济世界中，产业地理集聚可能是以下三种要素的各种组合和共同作用：（1）基于要素禀赋差异的比较优势：每个国家或者地区专业化生产要素禀赋相对丰裕的产品；（2）基于分工产生的空间外部性：在空间距离不扩大的情况下导致市场范围的扩大和运输成本的降低；（3）垄断竞争的市场结构：规模报酬递增与运输成本的权衡是理解产业地理集聚的中心内容。

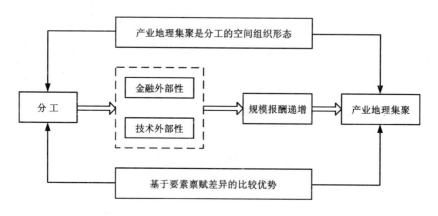

图 3-2 产业地理集聚研究的"分工—空间外部性"理论模型与分析框架

第五节 本章小结

分工、空间外部性与产业地理集聚之间存在着深厚的理论渊源和深刻的内在逻辑联系。本章根据"分工—空间外部性"这一线索，对产业地理集聚理论进行细致梳理。分工作为经济增长的根本源泉，也是产业地理集聚的根本源泉。由于分工具有规模报酬递增的性质，而源于分工的规模报酬递增在某种程度上需要借助经济活动在地理上的集聚这种空间分工组织形态实现，因此，产业地理集聚是分工的空间组织形态。考虑分工的地理空间内涵，则分工形态表现为区域分工，新古典贸易理论、新贸易理论和新经济地理理论就从区域分工—贸易的视角对产业地理集聚进行了理论解释。这些理论解释的一个基本点就是空间外部性，并且外部经济的增长是分工引致的规模报酬递增的重要源泉。由此，空间外部性成为解释产业地理集聚的关键性因素，分工产生的空间外部性是产业地理集聚的重要来源，一方面，分工是具有空间外部性的产业产生的根本源泉；另一方面，该类产业一旦形成并独立化，就以其特有的外部经济效应引起产业地理集聚。空间外部性有金融外部性与技术外部性之分，它们都是产业地理集聚的重要来源。其中，要素流动、垂直关联和要素积累是三种重要的金融外部性机制，MAR 外部性和 Jacobs 外部性是两种典型的技术外部性机制。依上逻辑，本书建立了产业地理集聚研究的"分工—空间外部性"理论模型，其中，分工是产业地理集聚研究的逻辑起点，空间外部性是产业地理集聚研究的核心。

第四章 农业地理集聚与农业分工深化、分工利益实现

农业作为国民经济的基础产业，分工在其发展中也具有决定性作用，农业分工是农业经济增长和规模报酬递增的根本源泉。并且，农业分工本身及农业规模报酬递增也必然需要借助某种特定而有效的空间组织形态来实现。农业地理集聚就是一种特定而有效的农业空间组织形态，它一方面能降低农业分工扩大过程中不断递增的交易成本，进一步促进农业分工范围的扩大；另一方面，能放大农业分工所带来的规模报酬递增，进一步深化农业分工的效果。鉴于此，本章就主要应用第三章中所建立的理论模型，对农业地理集聚与农业分工深化、分工利益实现之间的深刻关系进行分析。首先，从"斯密猜想"命题出发阐述农业分工的有限性；其次，从分工的内涵方面论述农业经济增长和规模报酬递增的根本源泉在于农业分工；最后，对农业地理集聚与农业分工深化、分工利益实现之间的深刻关系进行分析。

第一节 "斯密猜想"与农业分工的有限性

亚当·斯密（Smith，1776）认为，凡能采用分工制的产业，分工的引入和深化能增进该产业的劳动生产率，各种行业的分立，似乎都是分工的结果。"一个国家的产业与劳动生产力的增进如果是极高的，则其各种行业的分工一般也都达到极高的程度"。① 但是，农业由于其特殊性质，从而没有像制造业那样细密的分工；农业上的种种劳动和生产活动由于其

---

① 引自［英］亚当·斯密《国民财富的性质和原因的研究（上卷）》，郭大力、王亚南译，商务印书馆1976年版，第7页。

季节巡回性和不可分性，也不能像制造业劳动那样判然地分立。例如，畜牧养殖者的劳动和水稻种植者的劳动，就不能完全分开；农业生产过程中的锄耕、耙掘、播种和收割，通常由一个劳动者来完成。所以，"农业上劳动生产力的增进，总是跟不上制造业上劳动生产力的增进的主要原因，也许就是农业不能采用完全的分工制度"，① 这就是被称为"斯密猜想"的命题。这个命题在本质上揭示了农业生产效率低于制造业的内生根源在于农业分工的有限性。从斯密的论述中，我们还可以发现，农业分工有限性的原因在于农业独特的产业特性，即农业分工及其深化面临着自身天然的内生障碍。

根据前述斯密—杨格定理"分工受市场规模限制"和杨小凯"分工演进受交易费用制约"，即分工利益的实现受到市场规模和交易费用的限制，斯密定理、杨格定理以及新兴古典经济学的分工与专业化理论的一个重要意义就在于阐释了分工演进及利益实现的限制条件。陈平（2002）提出的广义斯密定理认为，分工受市场规模、资源种类和环境涨落三重的限制。农业分工的有限性也与农业市场规模有限、交易费用较高密不可分。关于农业分工有限性的原因，罗必良（2008）从农业产业特性角度进行了深入研究，研究结论认为，农业的生命特性、季节特性、产品市场特性和生产组织特性等产业特性，从不同方面约束着农业分工的有效深化。

一　农产品市场规模的狭小影响着农业的分工空间

根据经济学中的价格弹性理论，农产品的需求价格弹性和供给价格弹性都相对较小。当农产品价格上升时，人们不会因此而大幅度减少对农产品的消费，当农产品价格下降时，人们亦不会因此而过多地增加消费。因受土地资源的数量和质量、生产周期、自然灾害等因素的限制，农产品的供给难以在短期内大幅度增加。可见，农产品的低供需价格弹性会直接影响到其市场规模的扩大，从而影响到该农产品生产的相关行业的分工空间。同时，由于对农产品尤其是粮食需求量的增加往往依靠人口数量的增加，因而农产品潜在的市场规模也受到限制。虽然在收入增加、城市化迅

---

① 引自〔英〕亚当·斯密《国民财富的性质和原因的研究（上卷）》，郭大力、王亚南译，商务印书馆1976年版，第7页。

速发展、贸易自由化和先进技术的推动下，人们对高附加值初级和加工农产品的需求量迅速增加，但是因受高额交易成本、市场一体化程度低、食品质量与安全问题日益凸显、质量标准不统一等因素的影响，高附加值初级农产品和加工农产品的市场空间也受到抑制。

二　农业生产过程中的高交易费用制约着农业分工的扩展与深化

导致农业分工有限性的因素有很多，其中，基于交易费用的因素主要是农业生产具有的自然活动与经济活动相统一的特征和季节性特征，会导致农业生产中的协调费用和使用市场交易的成本较高；农业生产的土地高依赖度、空间上的分散经营和农产品消费的分散性，使得农业生产者获取化肥、农药等农用资料和销售农产品的难度加大，难以全面把握市场供求信息，从而导致信息成本和交易成本增加；有些农产品的鲜活易腐和不易存储特征，这一方面会导致贮藏成本和流通成本增加，另一方面，鲜活易腐等农产品如果难以及时在市场上转化为商品，还会导致农业生产者的利益受到损害；农业生产和农民的低组织化程度，会导致农业生产者同其他市场经济主体的谈判成本和利用市场机制的交易成本增加。这些方面的交易费用会使得农业分工受到严重抑制和分工效率难以得到有效提高，也限制了农产品市场规模的扩大。史鹤凌和杨小凯（1995）的研究结论表明，尽管生产机器设备等制造品的工业和生产粮食等农产品的农业都可以不断地深化分工，但是，由于工业制造品的市场交易效率较高，而农产品由于受季节性等因素的影响，农业分工的市场协调费用很高（例如，不可能让一些农民专业从事下种作业而不能从事收割作业，而另一些农民专业从事收割作业而不能从事下种作业），市场交易效率低下，所以，分工在工业部门发展较快，而在农业部门要慢一些，并且农业加深分工容易得不偿失①。

第二节　分工是农业经济增长和规模报酬
递增的根本源泉

经济学经典文献的研究结论告诉我们，分工是经济增长的根本源泉，

---

① 引自杨小凯、张永生《新兴古典经济学与超边际分析》（修订版），社会科学文献出版社 2003 年版，第 135 页。

是实现长期经济增长和规模报酬递增的主导性动力机制。农业作为国民经济的基础产业，分工深化与演进在农业发展中也具有决定性作用。同时，现代农业发展过程中伴随着生产集约化、规模化的增强，现代农业理论也特别强调农业生产中的农产品异质性、规模报酬递增（藤田昌久，2009）。其实，舒尔茨（2001）在《投资专业人力资本以获取递增报酬》一文中就说明了规模报酬递增在农业领域的普遍存在：

> 农业发展并未脱离那些产生报酬递增的经济条件变迁的影响，以印度的小麦绿色革命为例：它始于 1966 年，该年小麦产量为 1100 万吨；到 1984 年底，印度小麦的产量已增至 4600 万吨。当我们还在等着一种经济增长理论来理性分析这一超常产量时，常识已足以唤起人们去探寻农业中的报酬递增，特别是看过旁遮普邦的变化之后——在那里，土地、化肥、设备、劳动和农民企业家才能的回报率都提高了。大多数报酬递增是细小的微观事件，例如，农民通过杂交品种使玉米增产的例子。把农业生产中的报酬递增现象视为一个经济事件是有帮助的。
>
> ——转引自［美］西奥多·W. 舒尔茨《报酬递增的源泉》，姚志勇、
>
> 刘群艺译，北京大学出版社 2001 年版，第 15—29 页。

因此，农业分工的深化和演进也是理解农业经济增长和规模报酬递增机制的一个恰当的切入点。按照杨格（1928）和杨小凯（1998）对分工的界定，农业分工的深化和演进意味着农业生产者个人专业水平提高、农业生产的迂回程度增强和中间产品种类数增加，农业分工自然也应从上述三个方面来展开。农业生产者个人专业化水平的提高，意味着越来越多的农业劳动力从传统农业生产领域转向现代农业生产和专业化生产领域，形成微观层面的农业专业化、规模化和集约化生产模式，这主要表现为各类农业专业大户①、专业种植场和养殖场的不断涌现和迅速崛起，这有利于产生农业生产的专业化经济效应。迂回程度的增强，意味着农业生产中延伸出更多具有"纵向关联"性质的中间环节，主要表现为农业产业链不断拉长，

---

① 农业专业大户包括专业种植户和专业养殖户，陈春生（2007）认为，农业专业大户是指以农业某一产业的专业化生产为主，初步实现规模经营的农户。

农业分业迅速深化，例如，面向农业的生产性服务业不断发展，并日益成为推进农业结构战略性调整和农业发展方式转变的战略引擎。农业产业链的拉长，一方面会促进与农业初级产品生产具有产业关联关系的产业网络结构的形成；另一方面会促进农业价值链长度的不断延伸，形成价值链分工，实现价值增值能力。中间产品种类数的增加，意味着在农业生产中更为密集地投入和使用具有"横向关联"性质的中间产品，意味着农业生产中生产要素的内涵不断得到扩展，各类生产要素不断融合。在现代农业生产中，需要密集地投入和使用的主要有现代化农业机械、良种、化肥等物质型中间产品和农业科学技术、知识、信息、人力资本和创新机制等知识型中间要素。舒尔茨（1987）早就提出，改造传统农业的关键是"要引进新的现代农业生产要素，这些要素可以使农业收入流价格下降，从而使农业成为经济增长的源泉"，而引进生产要素的重要途径有三：一是建立一整套适宜于改造传统农业的制度；二是从供给和需求两方面为引进现代生产要素创造条件；三是对农民进行人力资本投资。不难发现，舒尔茨提出要引入的"现代生产要素"的含义就是在农业生产中大量投入中间产品和进行迂回生产，现代农业的本质就是密集地投入和使用现代农业生产要素、不断增强迂回生产程度的分工经济。现代农业中的规模报酬递增来自于分工与专业化以及由其形成的专业化人力资本（舒尔茨，2001）。

可见，分工是农业经济增长和规模报酬递增的根本源泉。农业现代化程度较高国家的农业发展实践证明，分工深化和演进是提高农业生产率和实现现代农业持续发展的根本路径。速水佑次郎、拉坦（2000）基于美国、日本农业发展案例提出的"诱导性农业发展模式"就是一种由技术变革和体制变革诱导的农业分工发展模式。他们认为，农业生产率水平和各国农业生产率增长的差异主要是由资源禀赋条件、工业技术投入水平和人力资本[①]状况决定，其中，农业技术变革被视为一国或者地区充分利用农业资源禀赋和改善人力资本状况的内生变量，农业生产率的增长速度主要取决于农业技术迅速变革的程度。一国或者地区可以通过多种途径来进行技术变革，美国是一个劳动力相对稀缺的国家，劳动力供给缺乏弹性，

---

① 这里所指的资源禀赋条件，包括初始土地资源，以土地开垦和改造形成的内部资产积累，牲畜资源等；工业技术投入包括机械装备，从工业部门购入的生物、化学材料等；人力资本包括教育、技能、知识和体现在每一个国家或者地区总体人口上的智能。

这种限制使得美国大力发展农业机械技术并密集地投入于农业生产；日本是一个土地相对稀缺的国家，土地供给缺乏弹性，这种限制使得日本大力发展生物、化学技术并密集地投入于农业生产。在这里，无论是美国的机械密集型技术创新，还是日本的生物、化学密集型技术进步，都意味着技术变革诱导着农业生产者的个人专业水平在不断提高、农业生产的迂回程度在不断增强、中间产品的投入种类在不断增加和农业生产要素的内涵在不断拓展。也就是说，农业分工的深化在不断增强。

同时，很多研究表明，农业分工抑制是导致农业发展滞后、农业生产效率低下的根本原因。沿着亚当·斯密的思路，许多学者从分工角度分析和解释了中国农业生产效率低下的原因。农业可分工程度的有限性是导致农业效率低下的重要原因（罗必良，2007），农业分工抑制是导致农业发展滞后的根本原因（高帆，2009）。高帆、秦占欣（2003）利用构建的新兴古典经济学模型揭示了工农二元经济反差的根本原因，就在于农业的分工水平远低于工业，特别是作为分工主要表征的迂回生产程度、中间产品的投入和使用程度在农业中远低于工业。更为重要的是，户籍制度、农村土地制度、税费制度和涉农领域的行政垄断等一系列的制度约束形成了对农业分工的抑制，从而导致农民收入水平处于一个低层次的角点均衡（刘明宇，2004），即农业分工抑制是农民收入增长缓慢的重要原因。

第三节　农业地理集聚与农业分工深化、分工利益实现

一　农业地理集聚是深化农业分工的空间组织形态

通过对前述理论文献的梳理表明，源于分工的生产率增长和规模报酬递增在某种程度上需要借助于经济活动的地理集聚这种空间分工组织形态来实现。产业空间集聚作为一种新的基于分工的产业空间组织形态，不仅存在于制造业和服务业领域，在农业领域也同样存在。从世界范围来看，无论是发达国家还是发展中国家，往往都表现为具有明显区域性的农业地理集聚现象，许多国家或者地区的农业之所以具有较高的生产率和较强的国际竞争力，与诸多专业化、规模化和特色化的农业产业集聚区发挥了重要支撑作用，有着直接关系。例如，荷兰的花卉生产集聚区和奶牛养殖集聚区，美国中部的玉米生产集聚区、西部的小麦生产集聚区、南部的棉花生产集聚区，法国的葡萄和葡萄酒产业集聚区，智利的苹果产业集聚区，

中国山东寿光的蔬菜产业集聚区、山东金乡的大蒜产业集聚区、云南斗南的花卉产业集聚区、新疆的棉花和葡萄产业集聚区、福建安溪的茶业产业集聚区，等等。当前，打造和形成独具特色的农业地理集聚区已成为一国或者地区农业经济地理和农业产业空间布局的典型特征。在1860至1930年间，农业的空间分布没有发生什么变化，然而从1930年开始出现了明显的地理集聚现象（库姆斯、迈耶、蒂斯，2011）。在中国，改革开放以来，农业的空间集聚现象和发展趋势不断增强（曾国平、罗航艳等，2010），农业产出呈现出较为显著的"中心—外围"空间布局模式（吴玉鸣，2010）。在区域层面上，农业发展的集聚化和连片化现象迅速推进，农业项目区建设、优势特色农产品产业带建设等越来越成为中国发展现代农业的重要方式（姜长云，2010a）。

　　这些农业地理集聚区作为现代农业发展的一种新的产业空间组织形式，其形成和发展的内在逻辑就在于顺应了农业区域分工规律，促进了农业分工的进一步深化和演进。由于农业生产过程中所存在的交易成本、农业高度依赖先天禀赋以及密集地投入土地资源和劳动力资源的特征，会使农业生产不断向优势区域集中，这个过程就是农业生产的区域专业化过程。在优势区域中，农业生产主体大多都专一于某一种农产品的生产，农业生产主体的专业化水平也不断得到提高，农业生产规模（包括种植面积规模和产量规模）和市场规模不断扩大。农业生产规模和市场规模的扩大，一方面会进一步吸引农业生产主体专注于某一农产品生产的积极性，使得农业生产主体的数量规模不断扩大和更加集中；另一方面，会吸引和衍生供给现代农业生产要素部门、为农业生产提供专业化服务的中介机构、专业批发市场、加工和流通企业在该优势区域的集聚，在优势区域的地理空间上形成了包含农业生产主体、关联企业、中介服务、专业批发市场和政府在内的柔性网络合作集聚机体，促进了农业机械、良种、化肥、农业科学技术和知识、信息、人力资本和创新等现代农业生产要素在该优势区域的集聚和有机融合。

　　在这一过程中，农业产前、产中和产后的分工逐渐出现和深化，优势区域中各农业经济主体之间的分工（产业间分工，例如，农业种植业、农业生产性服务业、农产品加工业等）、农业生产环节的分工（产业内分工）以及农产品价值链分工不断演化。这将导致农业领域交易数量的大量增加，这种交易数量的增加对于交易本身的专业化提出了更多更高的要求，从而出现了农业生产的规模化集聚区。这种规模化集聚区的形成和发展，集中体现了农业领域中的劳动分工、区域分工、产业内分工和价值链分工[①]，体现了这四种分工形态的深化和演化，也是这四种分工形态在空间地理上的聚合。农业地理集聚区通过纵向专业化分工和横向经济协作，通过强化农业产业体系中不同经济主体之间、区域之间甚至相互之间的分工协作关系，有利于实现农业的专业化经济、区域规模经济和范围经济，实现个人专业化水平的不断提高、农业生产迂回程度的不断增强和中间产品种类数量的不断增加（见图4-1）。因此，我们可以说，分工是农业地理集聚的最根本源泉，农业地理集聚区是农业分工深化的空间组织形态。

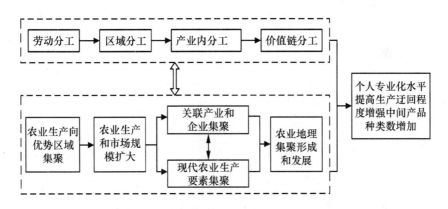

图4-1　农业地理集聚是农业分工深化的空间组织形态

二　农业地理集聚是农业分工利益和分工效率改善的空间实现

以上关于导致农业分工有限性的因素，归结起来，可以用"分工受市场规模限制"加以概括（钱学锋、梁琦，2007），市场规模包括两层含义：一是市场广度的扩大，即市场空间范围和需求规模的扩大，在地理上，市场空间范围包括地区市场、国内市场乃至世界市场；二是市场深度的增加（杜贵阳，2005）。市场广度主要指市场规模的外延扩展，其扩大受区域市场及其经济一体化程度、消费者数量和多样化产品需求等因素的制约，受地理区域等自然条件的限制。市场深度主要指市场交易环境的改

---

① 梁琦（2009）认为，伴随着人类社会经济发展的历史，分工与专业化的演进经历了以下四种形态：劳动分工导致技术专业化、区域分工导致区域专业化、产业内分工导致产品专业化、价值链分工导致垂直专业化。

善和交易效率的提高，包括交易费用和运输成本的降低，技术和知识的积累、扩散和溢出，创新环境和氛围的形成，以及农业生产性服务业的发展。市场深度强调的是市场规模的内涵延伸，可以无限增加。农业地理集聚作为分工的空间组织形态，能突破在分工基础上产生的那些限制规模报酬递增的主要因素，促进市场广度的扩大和市场深度的增加，从而扩大市场规模，促进分工的进一步深化和发展并实现农业分工利益（见图4-2）。农业地理集聚可以通过降低交易成本、打造区域品牌和企业品牌、共享公共资源、促进技术创新来实现小农经济与规模经济的结合（杨丽、王鹏生，2005）。这些方面其实也是农业分工利益在农业地理集聚这种空间组织形态上的实现，正如施蒂格勒（1989）所指出的"区域化是提高产业经济规模、从而获得专业化分工利益的一种方式"。

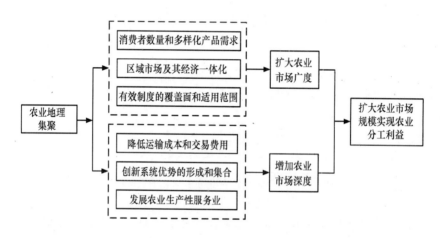

图4-2　农业地理集聚与农业分工利益的空间实现

1. 农业地理集聚促进农业市场广度的扩大

产业经济活动的地理集聚机制多种多样，在每种集聚机制下都呈现出不同程度的本地市场效应：区位需求的一个细小外生变化将使需求扩大区产生一个更大比例的产业再定位（Baldwin, et al, 2003），结果是众多产业因某一区位的需求规模优势而在该区位集聚起来。这表明，产业地理集聚既是市场规模扩大的结果，也是市场规模得以扩大的原因。因此，农业地理集聚也可以促进农业市场规模的扩大，因为农业生产地理集聚区能将小规模的分散农业生产主体和较大规模的关联企业聚合在一起，形成小规模经营者与大市场的有效连接机制和渠道，实现"以小搏大"。

首先，在农业生产地理集聚区内，由于人口（尤其是劳动力）、农业生产主体、关联企业等经济主体的集聚，导致参与交易的经济主体数量的增多，从而引致农业市场规模的扩大。特别是，作为最重要的生产要素，地理集聚引致的劳动力数量上的增加实际上就等同于农业市场规模的扩大。同时，更多异质性企业在空间上的集聚意味着多样化产品供给的增加，这可拓展可交易对象的范围和刺激消费者多样性需求的增加，同时还会增加对多样化中间投入品的需求，这两方面都会导致农业市场规模的扩大。

其次，产业地理集聚是区域经济一体化的微观基础，它的发展可以加速区域经济一体化的进程（杜贵阳，2005）。农业地理集聚有助于促进农业区域经济的一体化发展，降低区域间要素和产品流动的障碍，缩短区域之间的经济距离和运输距离，降低农业生产要素、中间投入品和农产品的贸易成本，这将会从空间上扩大农业市场范围。农业区域经济一体化的发展，还能够实现劳动力、公共基础设施等资源的共享，将农业市场范围扩大的约束条件尽可能地最小化。在经济全球化和世界农业集中化加速发展的环境下，农业地理集聚还能将通过本地市场效应将农产品需求"放大"至国际市场，产生本地市场放大效应。

最后，农业地理集聚作为一种意义深远的制度安排和进步，能使有效制度安排的覆盖面、适用范围得到拓展，执行力度得到加强，从而为农业市场规模的扩大或者使受到抑制的市场能量得以释放奠定基础，甚至直接扩大农业市场规模。主要表现在农业地理集聚有利于形成专业化的农产品批发市场和区域品牌效应，形成农产品的营销优势和市场网络，凭借市场和品牌占领农业市场和扩大农业市场规模。从竞争绩效来看，农业地理集聚可以在价值链上实现有效治理，这有利于农产品各价值环节中企业、所在地区和国家在竞争中获得质量优势，从而占有较大的国内外市场份额。

2. 农业地理集聚有利于降低农业分工带来的运输成本和交易费用

前述分析我们可知，运输成本的高低是斯密定理发挥作用的重要限制条件。同时，亚当·斯密（Smith，1776）认为，产业的分工改良集聚在交通运输条件较好的区域，能明显降低运输成本，从而促进市场规模的扩大。斯密在以下的举例中说明了这一观点：

　　　　水运开拓了比陆运所开拓的广大得多的市场，所以从来各种产业的分工改良，自然而然地都开始于沿海沿河一带。这种改良往往经过许久以后才慢慢普及到内地。把二百吨货物由伦敦运往爱丁堡，依最低陆运费，需负担一百人三个星期的生活费和四百匹马、五十辆四轮运货车的维持费，以及和维持费几乎相等的消耗。若由水运，所应负担的，充其量也不过是六人至八人的生活费，载重二百吨货船的消耗费和较大的保险费，即水运保险费与陆运保险费之间的差额。假使世界上只有陆运，则各偏远地区间的商业，一定会无法进行。

　　——［英］亚当·斯密：《国民财富的性质和原因的研究（上卷）》，

　　郭大力、王亚南译，商务印书馆 1976 年版，第 17—18 页。

　　可见，产业地理集聚可以降低运输成本，从而解除运输条件对市场规模扩大的约束。运输成本的下降是提高市场规模的一条主要途径（施蒂格勒，1989）。因为，当运输成本较低时，各个产业地理集聚区便能相互进行大规模的贸易和提供市场，并对彼此的产业发展给予很大的鼓励。运输成本的持续降低允许有效地共享基础设施和服务，从而加强了人口和经济活动的集聚，这在国际层次上表现为扩大与邻国而不是远方国家的贸易，在国内会导致经济活动更大程度的集聚（世界银行，2009）。农业地理集聚意味着交通基础设施的改善、农产品的批量运输、农业生产要素以及中间投入品的就地购买和批量购买、空间距离的缩短，这些方面对运输业运输成本的降低至关重要，从而农业地理集聚对运输成本的降低显而易见。

　　农业市场规模的扩大，不仅取决于运输成本，更受制于交易费用。交易费用总是与特定的交易制度相关联，并对分工结果产生重要影响。交易费用经济学认为，实现交易费用最低的资源最优配置需要中间性组织的交易制度安排。产业集聚作为一种中间性组织，其存在和发展不仅可以用交易费用经济学来解释，而且产业以集聚方式存在的一个重要制度优势在于有效降低交易费用。Scott and Storper（1987）研究分析了交易费用与产业集聚之间的关系，认为生产中的分工、公司间交易活动结构和地方化发展中产生的内生性集聚经济导致了产业经济活动的地理集聚，这会极大地降低外部交易的空间成本。因此，可以说，农业地理集聚本质上就是一种能有效降低交易费用的中间性经济组织：（1）农业经济活动和产业在特定地域上的集聚，本身就意味着可以降低农业交易主体之间因为距离而产生的交易费用，因为在其他条件不变的情况下，交易费用是交易主体之间距离的增函数；（2）关联企业和各类农业生产要素在特定地域上的集聚，可以实现资源的共享、技术和知识以及信息的快速扩散、价值链上的相互需求，从而减少搜寻成本和降低交易费用；（3）农业地理集聚区内企业之间通过长期正式合作和非正式交流而形成的信任机制和声誉体系，可以有效防止机会主义的行为倾向和减少市场中的不确定性，从而大大降低签订和执行契约所需要的各种交易费用。

3. 农业地理集聚有利于农业创新活动的产生，形成和集合农业创新的系统优势

产业地理集聚有助于创新，创新依赖于产业地理集聚（熊彼特，2009）。在许多工农业发达国家，产业地理集聚已被视为一种技术发展和创新模式（Breschi and Malerba，2005）以及地方创新体系和国家实施创新政策的工具（姜卡罗·科洛、斯特法诺·米切利，2008）。因为，农业创新并不是单个农业经济主体的孤立行为，需要他们之间的密切合作和相互竞争，需要集中在一起才能实现。当前，农业创新动力的重心正在呈现向区域层面转移的趋势。因此，农业地理集聚为农业中各类经济主体参与创新、充分发挥创新主体作用提供了重要场所和空间组织方式，并且，农业地理集聚还具有创新所需的组织架构、产业文化基础和氛围、技术和知识以及信息积累和扩散的内在机制，有利于推动农业创新从个别企业等经济主体层面上上升到一群企业层面上。

农业地理集聚还可以形成和集合农业创新的系统优势：（1）通过互补专业化的资源、降低供应成本和实现投入产出市场的专业化等途径，可以直接促使农业创新活动的产生并加速创新的发展（费尔德曼，2005）；（2）农业地理集聚区内关联企业、相关机构（大学、科研机构、中介服务机构、政府服务部门）在地理上的集中，能产生较强的技术、知识和信息累积效应，这可以为实现农业创新提供重要的动力来源和物质基础；（3）农业地理集聚区内同行业企业之间的竞争性压力和挑战，迫使企业持续进行经营管理方式、方法和生产技术的创新，促使企业在产品设计、开发、包装、技术等方面不断进行创新和升级，以适应迅速变化的市场环境，这将形成有效的农业创新激励机制[①]；（4）农业地理集聚具有的地方

---

① 波特曾指出，发生在集群内部的绝对性压力，包括竞争性压力、同等条件下的压力以及持续比较的压力激励着集群内企业进行技术创新以突出自己。

网络性、互惠共生性、资源共享性等特征，有助于集聚创新网络内各类经济主体建立长期和稳定的农业创新协作关系和机制；（5）农业地理集聚区内非正式交流网络的形成、技术和知识溢出机制的存在，会促使技术和知识在集聚区内各类经济主体之间的传播和扩散，这将强化创新主体间的技术、知识整合与碰撞效应，激发农业创新活动，使农业地理集聚区在有限的空间内积聚高密度的农业创新活动；（6）农业地理集聚区共享的劳动力市场，促使劳动力尤其是人才在企业间可以方便地流动，这便于企业间的模仿和学习，形成有效的集体学习机制。

4. 农业地理集聚区是发展农业生产性服务业的重要平台和网络节点

农业生产性服务业就是指贯穿于农业生产的产前、产中和产后环节，为农业生产、农业生产者和其他经济组织提供中间投入服务的产业①。发展农业生产性服务业不仅是现代农业的重要内容和建设现代农业的一个重要切入点（闻海燕，2008），而且还是农业产业化、产业集群和产业区发展的战略引擎（姜长云，2010）。许多发达国家的农业地理集聚区之所以具有较高的农业综合生产能力和国际竞争力，其中的一个重要原因就是面向农业产业链的生产性服务业高度发达。因此，促进农业地理集聚区的建设和发展，是发展农业生产性服务业的重要平台和网络节点，同时，农业生产性服务业是农业地理集聚区农业分工网络的重要支撑。在农业地理集聚区内，如果没有高度发达的农业生产性服务业，农业分工不可能如此大规模、大范围地发生并不断深化，从而农业综合生产能力和国际竞争力也不可能有如此较大幅度的增强。

依托农业地理集聚区为农业生产者提供产前、产中、产后的全过程综合配套服务，具有多重经济功效：（1）有效整合各方服务资源，构建区域农业生产性服务体系，促进农业生产性服务业的集聚发展、规模发展，增强农业生产性服务业的系统性功能；（2）推进知识、技术、信息等先进生产要素在农业产业链上的有效应用，并适时向研发创新、品牌建设、商业模式等关键服务环节延展，推动农业产业链向"微笑曲线"的两端攀升，

---

① 根据农业部课题组（2008）的观点，农业生产性服务主要包括农资配送服务、农技推广服务、农业信息服务、农机作业服务、农产品质量与安全服务、疫病防控服务、农产品营销服务、基础设施管护服务、劳动力转移服务以及金融保险服务等；姜长云（2010）认为面向农业的生产性服务业主要包括农产品物流服务、农产品质量检验检测服务、良种服务、农资服务、农业金融服务、农业科技服务、农业信息服务等。

这有利于促进农业生产与全球农业产业链、农产品价值链的深度融合；（3）凝聚、引导和激发农业生产者对农业生产性服务的需求，并促进其对农业生产性服务的隐蔽需求向显性需求、潜在需求向实际需求的转化和有效需求的满足，更好地满足农业生产者对农业生产性服务的差异化、多样化和高端化需求；提高农业生产者对农业生产性服务的资源和信息共享水平，降低享受农业生产性服务的成本；（4）更好地发挥农业生产性服务尤其是高端服务对区域农业产业结构升级、农业发展方式转变、产业集聚区升级的带动和引领支撑作用，更好地促进产业集聚区内企业实现转型发展；（5）为充分发挥工业对农业、城市对农村的引领、带动作用创造条件，为更有效推进城市生产性服务业和公共服务向农村地区延伸提供便捷通道，如此，农业集聚区将成为建立新型工农关系、城乡关系的重要桥梁和纽带。

第四节　本章小结

基于第三章所建立的理论模型，从"斯密猜想"命题出发，本章对农业地理集聚与农业分工深化、分工利益实现之间的深刻关系进行了分析。"斯密猜想"的命题在本质上揭示了农业生产效率低于制造业的内生根源在于农业分工的有限性，突出表现在：农产品市场规模的狭小影响着农业的分工空间，农业生产过程中的高交易费用制约着农业分工的扩展与深化。虽然农业分工面临有限性，受到抑制，但是，分工仍然是农业经济增长和规模报酬递增的根本源泉，农业分工本身及农业规模报酬递增也必然需要借助某种特定而有效的空间组织形态来实现。而农业地理集聚作为一种特定而有效的农业空间组织形态，是农业分工的结果，但也是农业分工进一步扩大和深化的原因。因此，农业地理集聚是农业分工的空间组织形态。农业地理集聚的形成及发展，集中体现了农业领域中的劳动分工、区域分工、产业内分工和价值链分工，体现了这四种分工形态的深化和演化，农业地理集聚是这四种分工形态在空间地理上的聚合。同时，农业地理集聚还是农业分工利益和分工效率改善的空间实现，它既可以通过增加消费者数量和农产品的多样化需求、促进区域市场及其经济一体化的发展、扩大有效制度的覆盖面和适用范围，来扩大农业市场广度，也能通过降低运输成本和交易费用、形成和集合创新优势、发展农业生产性服务业，来增加农业市场深度，从而拓展农业市场规模。

第五章 农业地理集聚的新经济地理理论分析

早在 1826 年，杜能就关注并运用竞租法和建立土地利用模型研究德国农业生产的地理集聚现象，提出了著名的"杜能圈"农业空间分布结构，这为后续产业地理集聚理论的发展提供了良好基础。贸易理论和新地理经济理论都能解释产业地理集聚，但在新经济地理模型中，空间关系更加明确，产业地理区位完全内生化（Krugman，1991；Venables，1996），其理论来源、技术特点和核心假设决定了其非常适合分析市场深化与经济一体化过程中的要素流动、产业分布变化和产业地理集聚趋势等（刘长全，2009）。因而，新经济地理理论成为迄今为止研究产业地理集聚与集聚经济的主流经济学理论，也是分析中国产业地理集聚强有力的理论分析工具（张吉鹏，2004）。但是，将新经济地理理论应用于产业地理集聚的国内外现有文献研究，基本上都将研究对象瞄准制造业和服务业。农业与制造业、服务业有着本质区别，因此，新经济地理理论是否适用于农业地理集聚研究还需进行讨论和分析。本章就从杜能的土地利用模型出发，以揭示在均衡条件下农业生产的空间布局模式及其呈现出来的地租特征。并基于新经济地理理论，试图研究在这一理论视角下农业地理集聚所表现出来的特征及变化趋势，更重要的是力图基于这一理论构建农业地理集聚的包含空间外部性在内的影响因素模型，为后续中国农业地理集聚的实证研究与检验提供理论依据和支撑。

第一节 杜能的土地利用模型与农业地理集聚

杜能的土地利用模型主要是在以规模报酬不变和完全竞争市场为基

础、存在区位外生市场（即城镇市场）等假设①下展开，重点研究分析了两个问题：一是农业生产将呈现怎样的空间分布结构；二是合理的农业生产经营与距离城市的远近之间存在怎样的关系。以下就基于藤田昌久和蒂斯对杜能模型的总结性分析，探讨农业生产的地理集聚特征。

在杜能的土地利用模型中，存在一个均质的假想孤立国，四周被荒地包围，其中心是一个城市。中心城市（也就是中心市场）是孤立国的原点，以一个点来表示，任一区位 r 由其与中心城市的距离 r 来表示，每一区位上的土地密度相同，则区位 r 的土地密度为 $2\pi r$。孤立国中有 n 种生产不同农产品的农业生产活动，由 $i = 1, 2, \cdots, n$ 表示。每生产一单位农产品 i 仅需要投入 a_i 单位的土地，其中，a_i 是与区位无关的正常数，如此，农产品 i 的生产技术具有规模报酬不变的特征。如果在区位 r 处投入一单位土地来从事第 i 种农业生产活动，则第 i 种农产品的产量 q_i 为 $1/a_i$。

假设农产品市场和运输市场均为完全竞争市场，即农产品 i 在中心城市以不变价格 p_i 销售，农产品 i 从产地运至中心城市为不变的单位运输成本 t_i。区位 r 的土地市场也是完全竞争市场，每块土地的机会成本均为零。如果土地利用情况由农业生产者之间的竞标过程决定，则农业生产者会根据其利用每单位土地所能获得的剩余来给出最高标价，这个剩余因农业生产活动和区位而不同。因此，农业生产活动 i 在区位 r 的竞标租金就等于区位 r 处的任一农业生产者在每单位土地上生产农产品 i 所能获得的剩余。由于农业生产的投入要素只有土地，并且所有生产出来的农产品都必须销售到中心城市，所以，在区位 r 处生产农产品 i 的生产者所能获得的剩余 s_i 可表示为 $(p_i - t_i r)/a_i$。由此，区位 r 处农业生产活动 i 的竞标租金 $\Phi_i(r)$ 为 $(p_i - t_i r)/a_i$。

假设区位 r 上每单位土地的租金为 $R(r)$，则每一位理性农业生产者在区位 r 的单位土地上从事农业生产活动 i 所能获得的净收益 $\pi_i(r)$ 为：

$$\pi_i(r) = (p_i - t_i r) \times q_i(r) - R(r) = \Phi_i(r) - R(r) \qquad (5-1)$$

显然，如果竞标租金与市场地租相同，则每一位农业生产者在区位 r

①　杜能的土地利用模型中的主要假设有：（1）肥沃的平原中央只有一个城市（单一市场）；（2）不存在可用于航运的河流与运河，马车是唯一的交通工具（单一运输手段），每种农产品的运输成本不同；（3）土质条件一样，任何地点都可以耕作；（4）各种农作物的单产水平不同，各种生产活动和土地完全可分；（5）城市的农产品供给源于周边的农村地区，并且交易活动在城市市场中进行。

从事农业生产活动 i 所能获得的净收益为零。

由于农产品 i 的生产技术具有规模报酬不变的特征，竞争均衡使得农业生产者没有改变生产活动地点的动机，因此，任何有正产出的农业生产者都将获得零利润，各区位的均衡地租都将大于零，此时，均衡地租可表示为：

$$R^*(r) = \max\left\{\max_{i=1,2,\cdots,n} \Phi_i(r), 0\right\} = \max\left\{\max_{i=1,2,\cdots,n} (\frac{p_i - t_i r}{a_i}), 0\right\} \qquad (5-2)$$

（5-2）式表示均衡地租函数是所有竞标地租函数的上包函数，而且每一种农作物都会种植在竞标地租与均衡地租相等的地方。图 5-1 显示了存在三种农业生产活动（鲜菜、粮食和畜牧）时的竞标地租函数、均衡地租函数。

由以上命题和图 5-1，我们可以得出以下结论：

结论1：当竞标活动结束后，每一地点都被能给出最高标价的农业生产者所占有，在区位 r 内，每种农业生产活动都可以得以实施。中心城市的存在对于一个竞争性的土地市场来说是充分的，而这一土地市场能为各种活动提供空间条件。由此，所有农业生产活动的配置都将以中心城市为核心，中心城市成为农业生产活动空间组织的枢纽。

结论2：农业生产活动的区位分布取决于农产品的单位产出和运输成本，单位产出相近的农业生产活动的区位分布主要取决于运输成本。难以运输，尤其是易于腐烂的农产品生产活动倾向于分布在离中心城市较近的区位，易于运输的农产品生产活动倾向于分布在离中心城市较远的区位。如果各种农产品的运输成本相等或者相差很小，则生产集约化程度和单位产出水平较高的农产品生产活动倾向于分布在离中心城市较近的区位，生产集约化程度和单位产出水平较低的农产品生产活动倾向于分布在离中心城市较远的区位，从而农业生产活动由内向外形成单位产出水平由高向低的梯度分布结构。

运输成本较低和单位产出水平较高意味着农业生产活动的剩余较高，也即竞标租金水平较高，反之，竞标租金水平较低。所以，如果运输成本是距离的线性函数，则竞标地租函数呈递减趋势，也是距离的线性函数，竞标租金函数越陡峭的农业生产活动距离中心城市越近。在均衡状态下，单位土地租金、单位产出水平和生产集约化程度均随着与中心城市距离的增加而单调递减，由此，农业生产活动的分布以中心城市为核心形成环状分布。在图 5-1 中，鲜菜的竞标地租函数最陡峭，其生产活动倾向于分布在距离中心城市最近的区位 r_1 ，从而在该区位形成鲜菜生产集聚区；依据竞标地租函数的陡峭程度，依次形成粮食生产集聚区 r_2 和畜牧饲养集聚区 r_3 。

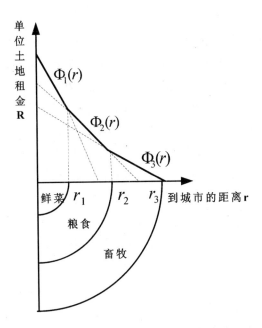

图 5-1 三种农产品的地租曲线与杜能圈

结论 3：每一个圈层都从事某一种农产品的专门化生产，各个圈层的农业生产活动在空间上相互分隔，这种专门化的生产方式反映了城市与其周边农村地区之间传统的劳动分工。在每一个圈层中，相同类型的农业生产活动集聚在一起，形成专业化集聚，这种专业化集聚在实质上是一个区域分工组织问题，这种区域分工有利于不同地区农业生产空间类型和不同类型地区之间农业有序分工格局的形成。并且，这种区域分工形成的专业化集聚能促进各区位农业生产效率的提高。

第二节 新经济地理理论适应于农业地理集聚研究的可行性

以克鲁格曼为代表的新经济地理理论在解释产业地理集聚时的两个主

要核心思想或者核心假设是：规模报酬递增和"冰山"运输成本。以下我们就从两个方面来展开分析新经济地理理论在农业地理集聚研究中的适应性。

一　关于农业规模报酬递增

在新经济地理理论中，制造业规模报酬递增的来源有两个：一是消费者对制造业产品的多样化需求偏好；二是制造业生产对中间投入品的多样化需求。在传统农业生产中，由于投入要素多为土地、劳动等传统要素，以致大部分农产品存在相似性，同质性较高。因而，传统观点认为农业是最接近完全竞争的产业，规模报酬不变。但是，在现代农业生产中，伴随着生产集约化、规模化和特色化的增强，农业投入要素日益多元化和高级化，导致农业生产对中间投入品的多样化需求显著增强。同时，随着经济社会的发展、文化的进步、居民收入水平的提高和消费方式的变化，人们对农产品的营养功能、保健功能和安全性等个性化特殊需求逐步增加，因而对农产品提出了多层次、多样化、高品质的需求偏好。各地区由于不同的独特地质地貌、气候特征及变化，导致不同地区生产的农产品具有其特有的品质特征。因此，现代农业生产中的农产品具有较强的异质性，并且消费者对农产品的多样化需求偏好也显著增强。显然，从这两个方面来看，农业生产也具有规模报酬递增的特性。

规模报酬递增是现代经济的重要特征，没有规模报酬递增，就不会有持续的经济增长，农业经济增长也不例外。因此，从理论上来说，农业本身也就具有规模报酬递增的特性。张培刚 1945 年在其博士学位论文《农业与工业化》中的研究结论指出，自给自足农业的发展通常要受到规模报酬递减的制约，而分工程度较高的社会化、市场化农业，则能通过分工的发展获得生产组织的演进、技术进步和规模报酬递增。通过农业的专业化和市场化的相互促进及其发展，农业就能获得规模报酬递增的利益（方齐云，1997），因此，在农业领域，规模报酬递增也普遍存在（舒尔茨，2001）。蔡昉、李周（1990）的研究指出，在中国的农业生产中，存在着两种规模经济：一是内部规模经济，主要源于生产要素投入的同比例变化、劳动者耕种土地面积的扩大和零散土地的改整；二是外部规模经济，主要源于农业直接生产过程之外的公共设施、市场集聚和产业关联等规模变动的效益流入。藤田昌久（2009）更是鲜明地指出，现代农业理论特别强调农业生产中的农产品异质性、规模报酬递增以及农产品市场的不完全竞争。20 世纪 80 年代以来，世界农业出现了快速集中趋势，这个事实改变了农业是完全竞争的产业界定（邓家琼，2010）。

从实证研究上看，许多研究也得出农业生产具有规模报酬递增特性的结论。以中国相关研究为例，中国大部分地区农业生产都存在规模报酬递增现象，1992—2007 年，全国农业生产规模效率年均增长 1.2%（王珏、宋文飞等，2010）。许庆、尹荣梁、章辉（2011）基于 2000 年的农户调查数据的研究发现，总体上，中国的粮食生产虽然不存在明显的规模报酬递增现象，但部分粮食作物存在明显的规模报酬递增现象①。中国农业经济增长具有明显的规模报酬递增现象，这主要来源于市场深化提供的递增报酬激励、农业分工与专业化的发展、资本异质性（刘金山，2007）。因此，研究农业地理集聚时假设规模报酬递增是符合实际和可行的。

二 关于农产品"冰山"运输成本

新经济地理理论的第二个核心思想或者核心假设就是制造业产品存在"冰山"运输成本，运输成本与产业地理集聚之间存在"倒 U"型的非线性关系。这里的运输成本是广义范畴，包括看得见的运输网络形成的有形运输成本和地方保护引起的贸易壁垒等因素。农产品属于消费者和一些工业品的基础性产品，是有形产品，其生产、销售和消费在空间和时间上会产生分离，出现农产品的跨区域和跨国流通。因此，农产品存在"冰山"运输成本，尤其是鲜活易腐农产品，其"冰山"运输成本会更高。当前，随着农产品生产规模化、专业化和特色化的迅速推进，必将带动农产品商品率的快速提高，加快农产品主要生产区和主要消费区的空间分离。这一方面会使农产品的跨区域和跨国流通量不断增加；另一方面，还会进一步拉长农产品的运输距离、减慢流转速度，导致运输损耗加大，"冰山"运输成本也会提高。以中国的粮食生产及运输来看，在全国 31 个省区中，有 13 个粮食主产区、7 个主销区、11 个产销平衡区。主产区在满足区域内自给的基础上，每年需要调出大量商品粮补充主销区的消费需求，目前

---

① 中国水稻、小麦和玉米三种主要粮食作物生产的规模报酬系数为 1.049，春小麦、冬小麦、早籼稻生产的规模报酬系数分别为 1.1146、1.1225 和 1.0871。

全国 80% 以上的商品粮、90% 以上的调出量来自 13 个主产省区（韩长赋，2011）。2010 年，中国粮食的跨省流通量达 1450 亿斤，比 2004 年的 1150 亿斤增加了 300 亿斤，省际间流通量呈现逐步增长态势①。这种跨省流通量的变化使得农产品流通的环节增多，运输成本升高。

在一些产业地理集聚理论中，农产品运输成本都是一个关键变量。在杜能的土地利用模型中，农户种植农作物所获纯收益的大小主要取决于运输成本，其提出的同心圆状"杜能圈"主要就是由于农产品运输成本的影响而促使的空间分异。在新经济地理模型中，为使研究问题得到简化，一般都假定农产品不存在运输成本，但显然这不真实。因此，在一些新经济地理模型中，也作出了农产品具有运输成本的假定。例如，Fujita, Krugman and Venables（1999）就在其新经济模型中作出假定：农产品也要按一定比率支付"冰山"运输成本，并认为在模型中引入农产品运输成本，也就说明了这些成本在空间经济结构的形成过程中可能扮演了重要角色，而且能使所讲故事更加丰富、研究方法更具有普遍意义。可见，在农业生产中也存在"冰山"运输成本，因而研究农业地理集聚时假设农产品存在运输成本，也是符合实际和可行的。

综上，农业生产中具有规模报酬递增特性，并且农产品存在"冰山"运输成本，这符合新经济地理理论的核心思想，满足核心假设条件。再加上，新经济地理理论的研究框架非常具有包容性与延伸性（柴志贤、黄祖辉，2006）。因此，我们认为，新经济地理理论在农业地理集聚研究中具有适应性。以下就基于新经济地理理论中的迪克西特—斯蒂格利茨—克鲁格曼模型（即 $D-S-K$ 模型）来建立农业地理集聚的垄断竞争模型，用以构建农业地理集聚的影响因素模型和分析框架。

第三节　农业生产的空间布局：一个垄断竞争模型

为了简化与抽象，考虑一个经济体中只存在两个部门：农业部门和制造业部门②，分别生产农产品和制造业产品；两个区域：区域 1（东部）

---

① 引自曾丽瑛 2012 年 1 月 7 日在第五届国际金融市场分析年会的演讲：《中国"十二五"粮食形势：供给与价格》。

② 我们把制造业部门看成是从事农业生产之外生产活动的所有部门。

和区域 2（西部）；一种生产要素：劳动。劳动力区分农业劳动力和制造业劳动力，生产要素具有"资产专用性"，农业劳动力生产农产品，制造业劳动力生产制造业产品。

一　基本假设

（1）农业部门生产异质的农产品，农产品生产存在规模报酬递增且是垄断竞争的市场结构。制造业部门是生产单一同质产品且规模报酬不变的完全竞争部门。

（2）农产品可以在不同区域之间运输，会产生运输成本，采取杜能和 Samuelson（1952）引进的"冰山"形式①；制造业产品无运输成本。

（3）经济体的每一个消费者对农产品和制造业产品这两种产品都有相同的柯布—道格拉斯（Cobb - Douglas）偏好，其效用函数形式为：

$$U = A^{\mu}M^{1-\mu} \tag{5-3}$$

（5-3）式中，A 是一个由无穷序列的差异化农产品组成的连续集合，集合中的每一种农产品都潜在可得；μ 为常数，表示农产品的支出份额，$0 < \mu < 1$，$1 - \mu$ 表示制造业产品的支出份额；M 为制造业产品。假定 A 符合不变替代弹性（CES）效用函数：

$$U_A = A = \left[\int_0^n a(i)^{\rho} d_i \right]^{\frac{1}{\rho}}, \quad (0 < \rho < 1) \tag{5-4}$$

（5-4）式中，n 表示农产品种类的范围，通常为实际可得的农产品种类的数目。每一种农产品在消费者偏好、运输成本和生产技术等方面具有相同的基本特点，即每一种农产品都是消费者偏好、运输成本和生产技术的组合。$a(i)$ 表示每种可得农产品的消费量。参数 ρ 表示消费者对农产品多样性的偏好程度，当 ρ 趋近于 1 时，表示不同农产品种类之间几乎完全替代；当 ρ 趋近于 0 时，则表示消费者消费更多种类差异化农产品的愿望不断增强。如果我们假设：

$$\sigma = \frac{1}{1-\rho}, \quad (1 < \sigma < +\infty) \tag{5-5}$$

---

①　"冰山"运输技术由 Samuelson（1952）正式提出，由于杜能在假设运输粮食的成本中，有一部分包括了由于马拉车所造成的粮食的在途损耗。因此，也可把杜能模型看作是"冰山"运输技术的先驱。它比 Samuelson（1952）、Nerlove and Sadka（1991）和 Krugman（1991）的"冰山"成本理论提出得都早。

（5－5）式中，σ 表示 A 集合中任意两种农产品之间的替代弹性，同时显示了 A 集合中各种农产品的需求价格弹性。显然，当 σ 趋近于 $+\infty$ 时，农产品之间完全替代，彼此间异质度较低，因而具有较高的需求价格弹性；当 $\sigma = 1$ 时，农产品之间相互独立，彼此间高度异质，因而具有较低的需求价格弹性；当 $1 < \sigma < +\infty$ 时，农产品之间不完全替代。可见，ρ 和 σ 分别从相反方向衡量农产品的差异化程度。

（4）经济体中的农业劳动力数量为 L^A，制造业劳动力数量为 L^M。两个区域的劳动力数量由内生因素和外生因素共同决定：制造业劳动力均匀地分布在两个区域，即每个区域均有 $(1-\mu)/2$ 的制造业劳动力；而农业劳动力随时间变化流动，其流动的方向是从低工资区域流向高工资区域。用 $\lambda_r(r=1,2)$ 表示区域 r 的农业劳动力份额。选择适当单位可使得：$L^A = \mu, L^M = 1-\mu$。若无特殊说明，以下内容的 $r = 1,2$。制造业劳动力的工资率记为 W^M，将其作为计价标准，即 $W^M = 1$。

二　消费者行为

给定收入 Y 和一组价格：p^M 为制造业产品的价格，$p(i)$ 为每种农产品的价格，则消费者的预算约束条件为：

$$p^M M + \int_0^n p(i)a(i)di = Y \tag{5-6}$$

由此，消费者行为就是在（5－6）式的预算约束条件下的效用最大化问题。具体分两个步骤来分析消费者行为：

首先，通过构建消费者对农产品的支出最小化模型来求解农产品的价格指数，我们可以建立消费者消费农产品的支出最小化模型：

$$\begin{cases} \min \ \int_0^n p(i)a(i)di \\ s.t. \ \left[\int_0^n a(i)^\rho di\right]^{\frac{1}{\rho}} = A \end{cases} \tag{5-7}$$

（5－7）式支出最小化问题的一阶条件是其边际替代率等于价格比率，由此我们可以求得农产品的价格指数为：

$$G = \left[\int_0^n p(i)^{\frac{\rho}{\rho-1}} di\right]^{\frac{\rho-1}{\rho}} = \left[\int_0^n p(i)^{1-\sigma} di\right]^{\frac{1}{1-\sigma}} \tag{5-8}$$

（5-8）式中，G 为农产品的价格指数，是指购买一单位农产品组合的最小支出，它的一个重要性质是，G 随农产品种类的增加呈现下降趋势，即随着出售的农产品种类的增加，农产品价格指数随之下降，从而获得给定效用水平的支出也随之下降。如果假定所有可得到的农产品价格都是 p^A，则（5-8）式可以简化为：

$$G = \left[\int_0^n p(i)^{1-\sigma} di \right]^{\frac{1}{1-\sigma}} = p^A n^{\frac{1}{1-\sigma}} \qquad (5-9)$$

（5-9）式表示，价格指数 G 对可得农产品数目的敏感程度取决于不同种类农产品之间的替代弹性 σ。σ 越低，农产品种类增加引起价格指数 G 下降的幅度就越大。

然后，通过构建效用最大化模型来求解消费者如何把总收入分配在农产品和制造业产品的购买上，我们可以建立消费者的效用最大化模型：

$$\begin{cases} \max U = A^\mu M^{1-\mu} \\ s.t. \quad p^M M + GA = Y \end{cases} \qquad (5-10)$$

基于（5-10）式可以构建拉格朗日函数：

$$F = \left[\left(\int_0^n a(i)di \right)^{\frac{1}{\rho}} \right]^\mu M^{1-\mu} - \theta \left[p^M M + \left(\int_0^n p(i)^{1-\sigma} di \right)^{\frac{1}{1-\sigma}} \times \left(\int_0^n a(i)di \right)^{\frac{1}{\rho}} - Y \right] \qquad (5-11)$$

求解（5-11）式，可以得到消费者对每种农产品的需求函数为：

$$a(i) = \mu Y p(i)^{-\sigma} G^{\sigma-1}, i \in [0, n] \qquad (5-12)$$

求解（5-11）式，还可以得到消费者对制造业产品的需求函数为：

$$M = (1-\mu) \frac{Y}{p^M} \qquad (5-13)$$

三 区位与运输成本

假设区域 r 生产的农产品种类数为 n_r，所有特定区域生产的农产品都是对称的，有相同的生产技术和价格。由于农产品存在"冰山"运输成本，如果把一单位农产品从区域 r 运输至区域 $s(s=1,2)$，则只有其中的一部分能够实际到达区域 s，其余的都在运输途中被损耗了。假设能够到达区域 s 的部分 E_s 为：

$$E_s = \frac{1}{T_{rs}^A} \qquad (5-14)$$

（5－14）式中，T_{rs}^A 表示 A 农产品的运输参数，表示得到的一单位农产品应运输的产品数量，即要使得有一单位农产品能从区域 r 运送到区域 s，在区域 r 必须装运 T_{rs}^A 单位的农产品。T_{rs}^A 越大，意味着一单位农产品从区域 r 运送到区域 s 所产生的运输成本也就越高。当区域 r 和区域 s 不是同一区域时，$T_{rs}^A > 1$。

如果用 p_r^A 表示区域 r 生产的农产品中各种品种的离岸价格（FOB），"冰山"运输成本意味着农产品在消费地 s 的交货价或者到岸价格（CIF）p_{rs}^A 为：$p_{rs}^A = p_r^A T_{rs}^A$。

因为两个区域农产品价格指数可能不同，用 G_s 表示区域 s 的农产品价格指数。根据"冰山"运输成本和两个区域所有农产品价格相同的假定，就可以得到区域 s 的价格指数 G_s：

$$G_s = \left[\sum_{r=1}^{2} n_r (p_r^A T_{rs}^A)^{1-\sigma} \right]^{\frac{1}{1-\sigma}} \qquad (5-15)$$

根据（5－12）式，区域 s 对区域 r 生产的一种农产品的消费需求函数为：

$$a_s = \mu Y_s (p_r^A T_{rs}^A)^{-\sigma} (G_s)^{\sigma-1} \qquad (5-16)$$

（5－16）式给出了区域 s 的农产品消费量，Y_s 为区域 s 的收入。为了达到该消费量，在区域 r 装运的农产品数量必须是该消费量的 T_{rs}^A 倍。把农产品在 N 个区域的消费量相加，就可得到区域 r 所生产农产品的总销售量 a_r 为：

$$a_r = \sum_{s=1}^{2} \mu Y_s (p_r^A T_{rs}^A)^{-\sigma} (G_s)^{\sigma-1} T_{rs}^A = (p_r^A)^{-\sigma} \sum_{s=1}^{2} \frac{\mu Y_s (G_s)^{\sigma-1}}{(T_{rs}^A)^{\sigma-1}} \qquad (5-17)$$

由（5－17）式可以看出，总销售量 a_r 取决于各区域的收入、价格指数、运输成本和离岸价格。

具体到区域 1 和区域 2 上，每个区域消费两地生产的全部农产品的价格指数为：

$$G_1 = \left[n_1 (p_1^A)^{1-\sigma} + n_2 (p_2^A T_{12}^A)^{1-\sigma} \right]^{\frac{1}{1-\sigma}}$$
$$G_2 = \left[n_1 (p_1^A T_{12}^A)^{1-\sigma} + n_2 (p_2^A)^{1-\sigma} \right]^{\frac{1}{1-\sigma}} \qquad (5-18)$$

（5－18）式中，T_{12}^A 表示农产品在区域 1 和区域 2 之间的运输成本，以下同。

具体到区域 1 和区域 2 上，每个区域生产的农产品的全部销售量为：

$$a_1 = \mu \left[Y_1 (p_1^A)^{-\sigma} G_1^{\sigma-1} + Y_2 (p_2^A T_{12}^A)^{-\sigma} G_2^{\sigma-1} T_{12}^A \right]$$

$$a_2 = \mu \left[Y_1 (p_2^A T_{12}^A)^{-\sigma} G_1^{\sigma-1} T_{12}^A + Y_2 (p_2^A)^{-\sigma} G_2^{\sigma-1} \right] \tag{5-19}$$

四　生产者行为

假设农产品的生产存在规模经济，且只能在农产品种类上实现；并且所有区域所有农产品的生产技术都相同。如果我们考虑农产品生产中只有劳动这一种生产要素，包括固定投入 f 和边际投入 c^A。区域 r 生产数量为 a_r 的任何农产品所需要的劳动投入为：$L^A = f + c^A a_r$。

假设区域 r 农业劳动力的工资率为 W_r^A，在上述区域 r 生产农产品的成本条件和价格条件（p_r^A）下，则可得区域 r 生产农产品的利润函数：

$$\pi_r = p_r^A a_r - W_r^A (f + c^A a_r) \tag{5-20}$$

（5－20）式中的 a_r，由（5－19）式决定。

根据利润最大化的基本原则，可以得到区域 r 农业生产者的利润最大化定价条件为：

$$p_r^A (1 - \frac{1}{\sigma}) = c^A W_r^A \quad 或者 \quad p_r^A = c^A W_r^A \rho \tag{5-21}$$

将（5－21）式代入（5－20）式，可以把利润函数写成：

$$\pi_r = c^A W_r^A \frac{\sigma}{\sigma-1} a_r - W_r^A f - W_r^A c^A a_r = W_r^A \left(\frac{c^A a_r}{\sigma-1} - f \right) \tag{5-22}$$

假定农业生产者可以自由地进入或者退出农业生产，长期均衡时的经济利润为零，即 $\pi_r = 0$，由此可以得到区域 r 中每个农业生产者生产农产品的均衡产出 a_r^* 为：

$$a_r^* = \frac{f(\sigma - 1)}{c^A} \tag{5-23}$$

此时，相应的均衡农业劳动力投入为：$L^* = f + c^A a_r^* = f\sigma$。

在该经济体中，如果区域 r 的农业劳动力数量为 L_r^A，农产品种类数为 n_r，则可得：

$$n_r = \frac{L_r^A}{L^*} = \frac{L_r^A}{f\sigma} \tag{5-24}$$

为了简便，我们总可以通过选择单位使得：

$$f = \frac{\mu}{\omega}, \quad c^A = \frac{\sigma-1}{\sigma} = \rho$$

于是，（5-21）式、（5-23）式和（5-24）式可以简化写为：

$$p_r^A = W_r^A, \quad a_r^* = L^* = \mu, \quad n_r = \frac{L_r^A}{\mu} \tag{5-25}$$

五　农业工资率、价格指数和收入

在农业生产者零利润条件下，由于 $a_1 = a_2 = a_r^*$ ，由（5-19）式可以求解出：

$$(p_1^A)^\sigma = \frac{\mu}{a_r^*}\left[Y_1 G_1^{\sigma-1} + Y_2 (T_{12}^A)^{1-\sigma} G_2^{\sigma-1}\right]$$

$$(p_2^A)^\sigma = \frac{\mu}{a_r^*}\left[Y_1 (T_{12}^A)^{1-\sigma} G_1^{\sigma-1} + Y_2 G_2^{\sigma-1}\right]$$

运用上述简化式，可以得到：

$$W_1^A = \left[Y_1 G_1^{\sigma-1} + Y_2 (T_{12}^A)^{1-\sigma} G_2^{\sigma-1}\right]^{\frac{1}{\sigma}}$$
$$W_2^A = \left[Y_2 G_2^{\sigma-1} + Y_1 (T_{12}^A)^{1-\sigma} G_1^{\sigma-1}\right]^{\frac{1}{\sigma}} \tag{5-26}$$

由于农产品消费在农业劳动力的支出中只占 μ 份额，所以农业劳动力的实际工资率为：

$$\omega_1^A = W_1^A G_1^{-\mu}$$
$$\omega_2^A = W_2^A G_2^{-\mu} \tag{5-27}$$

将（5-26）式代入（5-18）式，并运用上述简化式，便可以得到：

$$G_1^{1-\sigma} = \frac{1}{\mu}\left[L_1^A (W_1^A)^{1-\sigma} + L_2^A (W_2^A T_{12}^A)^{1-\sigma}\right]$$

$$G_2^{1-\sigma} = \frac{1}{\mu}\left[L_1^A (W_1^A T_{12}^A)^{1-\sigma} + L_2^A (W_2^A)^{1-\sigma}\right]$$

根据基本假设条件（4），即有：$L_1^A = \lambda\mu, L_2^A = (1-\lambda)\mu$

于是可得：

$$G_1 = \left[\lambda(W_1^A)^{1-\sigma} + (1-\lambda)(W_2^A T_{12})^{1-\sigma}\right]^{\frac{1}{1-\sigma}}$$

$$G_2 = \left[\lambda(W_1^A T_{12})^{1-\sigma} + (1-\lambda)(W_2^A)^{1-\sigma}\right]^{\frac{1}{1-\sigma}}$$

$$(5-28)$$

同时可得两个区域的收入：

$$Y_1 = \lambda\mu W_1^A + \frac{1-\mu}{2}$$

$$Y_2 = (1-\lambda)\mu W_2^A + \frac{1-\mu}{2}$$

$$(5-29)$$

六 瞬间均衡条件

由以上（5-26）式到（5-29）式，可以得到该经济体的八个瞬时均衡条件为：

$$\begin{cases} Y_1 = \lambda\mu W_1^A + \dfrac{1-\mu}{2} \\[2mm] Y_2 = (1-\lambda)\mu W_2^A + \dfrac{1-\mu}{2} \\[2mm] G_1 = \left[\lambda(W_1^A)^{1-\sigma} + (1-\lambda)(W_2^A T_{12}^A)^{1-\sigma}\right]^{\frac{1}{1-\sigma}} \\[2mm] G_2 = \left[\lambda(W_1^A T_{12}^A)^{1-\sigma} + (1-\lambda)(W_2^A)^{1-\sigma}\right]^{\frac{1}{1-\sigma}} \\[2mm] W_1^A = \left[Y_1 G_1^{\sigma-1} + Y_2(T_{12}^A)^{1-\sigma} G_2^{\sigma-1}\right]^{\frac{1}{\sigma}} \\[2mm] W_2^A = \left[Y_2 G_2^{\sigma-1} + Y_1(T_{12}^A)^{1-\sigma} G_1^{\sigma-1}\right]^{\frac{1}{\sigma}} \\[2mm] \omega_1^A = W_1^A G_1^{-\mu} \\[2mm] \omega_2^A = W_2^A G_2^{-\mu} \end{cases} \qquad (5-30)$$

第四节 农业生产的空间布局：数值示例

一 数值示例

上述瞬时均衡条件为八个联立的非线性方程。显然，很难找到这些方程的一般解，然而可以通过数值示例方法来分析农业生产的空间布局。在

$\sigma = 5$，$\mu = 0.4$ 的情况下，以下给出了三种不同运输成本情况下农业生产的空间布局状况图，图 5-2 中的横轴表示区域 1 的农业份额，纵轴表示两个区域农业的实际工资率差额；图 5-2 中的实心小圆圈表示稳定均衡，空心小圆圈表示不稳定均衡。

情形一：运输成本较高时农业生产的空间布局

图 5-2 中，农产品的"冰山"运输成本为 $T_{12}^1 = 2.1$。当经济体中区域 1 的农业份额小于 0.5 时，两个区域农业的实际工资率差额为正；当区域 1 的农业份额大于 0.5 时，两个区域农业的实际工资率差额为负。这说明，当一个区域拥有超过半数的农业劳动力，则该区域对农业劳动力的吸引力较差。在这种情况下，经济明显将收敛于长期的对称均衡，这是一种单一的稳定均衡。此时，农业生产在两个区域间平均布局，即农业生产的空间布局是对称结构。

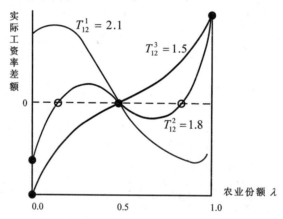

图 5-2　三种运输成本水平下农业生产的空间布局

情形二：运输成本较低时农业生产的空间布局

图 5-2 中，农产品的"冰山"运输成本为 $T_{12}^3 = 1.5$。两个区域农业的实际工资率差额随着区域 1 农业份额的增加而单调上升。也就是说，区域 1 的农业份额越大，则该区域越具有吸引力，区域 2 的农业劳动力持续地向区域 1 迁移，导致区域 1 的农业份额越来越大，从而形成农业生产全部集聚在区域 1 的空间格局。这主要是两种关联效应造成的结果：在其他条件都相同的情况下，如果区域 1 的农业劳动力数量较多，因为一个区域内农产品的种类数与其农业劳动力数量成正比，则一方面，区域 1 的本

地市场规模较大，农产品从产地到消费者手中，运输成本降低，这会导致区域 1 农业的名义工资率和实际工资率均高于区域 2，区域 2 的农业劳动力受区域 1 的高工资诱惑，会不断向区域 1 迁移，这种力量就是"本地市场效应"或者"后向关联"。另一方面，区域 1 的农产品种类数较多，会导致区域 1 农产品的价格指数降低，生活费用降低，区域 2 的农业劳动力受区域 1 的低生活费用诱惑，也会不断向区域 1 迁移，这种力量就是"价格指数效应"或者"前向关联"。在这种情况下，农业生产空间布局的对称结构变得不均衡，只有完全集聚在区域 1（其农业份额为 1）或者完全集聚在区域 2（其农业份额为 1）才为稳定均衡。

情形三：运输成本中等时农业生产的空间布局

图 5-2 中，农产品的"冰山"运输成本为 $T_{12}^2 = 1.8$，中等水平。两个区域农业的工资率差额变动较为复杂。其中，在中间点，出现了农业生产在两个区域平均布局的空间结构，这种对称均衡局部稳定。在两侧的点上，出现了农业生产完全集聚在区域 1 或者完全集聚在区域 2 的空间结构，这两种均衡也局部稳定。而在除了中间点的其他两个内点上，则出现了不稳定均衡状况。

二　农业生产空间布局的关键因素：运输成本

由以上分析可得，运输成本是影响农业空间布局的关键因素。运输成本直接影响到各区域间的农产品贸易流向和流量、本地市场规模效应及其扩大效应的实现、技术和知识以及信息的传播、农业生产性服务的覆盖范围和规模、区域间的收入差距等。概括来看，运输成本高低对区域间的农业布局影响主要有三种情况（见图 5-3）。同上，假设存在初始条件（包括人口条件、消费者偏好、技术状况等）相同的两个区域，横轴表示两个区域之间的运输成本（T_{12}），当其位于最左端时，两个区域之间的运输效率最高（$T_{12} = 1$）；纵轴表示两个区域的农业份额（λ_1 或者 λ_2）。

情况一：运输成本较高时的情况（KZ 线段）。在这种情况下，两个区域之间的运输成本较高，这会在很大程度上限制两个区域之间的贸易流量，两个区域的农业份额大体相等，不会发生跨区域的农业地理集聚。各个区域自给自足和封闭是该种情况下的农业特点。

情况二：运输成本处于中间水平（EK 环形）。在这种情况下，两个区域之间发生明显的农业地理集聚，区域 1 成为农业生产中心地区。这种

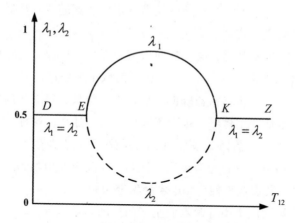

图 5 - 3　运输成本与农业份额的区域差异

集聚空间格局的形成，与区域 1 在发展起始阶段所拥有的农业优势密切相关。区域 1 一旦形成了农业优势，其前向关联和后向关联效应、资本跨区域投资、农业劳动力跨区域流动、技术和知识以及信息跨区域传播等，会通过累积循环因果机制使得其农业优势进一步得到放大和巩固。农业生产中的这种起始优势往往与历史的偶然因素、地区的自然条件和要素禀赋密切相关。

情况三：运输成本较低时的情况（*DE* 线段）。在这种情况下，低运输成本将导致区域 1 的农业生产向区域 2 扩散，从而使得农业份额在两个区域开始趋同，平分秋色。这一阶段的情况与 *KZ* 线段的不同在于，此种情况下，两个区域之间形成彼此分工互补、各具特色的产业竞争和合作关系，区域间实现产业内贸易。

综上所述，农业地理聚集与运输成本呈现出"倒 U"型关系：当运输成本处于高水平时，区域间的农业份额平均布局，不会发生农业地理聚集；当运输成本处于中间水平时，区域间产生明显的农业地理集聚；当运输成本下降到极低水平时，农业集聚区域的农业生产开始向周边地区扩散，区域间的农业份额开始趋同。

第五节　农业地理集聚的形成条件及影响因素

由以上分析可知，当运输成本较低时，农业生产在前向关联和后向关联这两股力量的共同作用下，会出现集聚的空间布局模式。以下我们就探讨这种地理集聚模式形成的条件及其包含空间外部性在内的影响因素。

一 农业地理集聚的形成条件

为表述方便，以下相关变量的上标 A 将省略。我们假定，区域 2 试图开始农业生产，它需要农业劳动力，为此它必须支付比区域 1 更高的农业工资率，因为所有的农产品（除了它自己生产的、可以忽略不计的农产品外）必须进口。但是，由于"冰山"运输成本，单位农产品只有 $1/T_{12}$ 的部分可以到达区域 2，这会导致区域 2 的农产品价格将是区域 1 农产品价格的 T_{12} 倍。所以，区域 2 必须支付比区域 1 更高的实际工资才能吸引农业劳动力。如果区域 2 能支付高实际工资，则地理集聚模式就不是一个均衡：农业将随时间变化而转移到区域 2。如果区域 2 不能支付高实际工资，则地理集聚模式就是一个均衡：农业地理集聚将是自我强化的。如果用数学语言来重述，即是当农业份额 $\lambda = 1$ 时，ω_1 与 ω_2 大小的比较问题。如果 $\omega_1 < \omega_2$，就会有一些农业劳动力从区域 1 流向区域 2，随之，区域 2 的农业份额就会越来越大，此时的地理集聚模式就不是可持续的；如果 $\omega_1 > \omega_2$，则地理集聚模式是可持续的。

为简单起见，假设 $W_1 = 1$，当 $\lambda = 1$ 时，则（5–29）式、（5–30）式可以简写为：

$$Y_1 = \lambda \mu W_1 + \frac{1-\mu}{2} = \frac{1+\mu}{2}$$

$$Y_2 = (1-\lambda)\mu W_2 + \frac{1-\mu}{2} = \frac{1-\mu}{2}$$

$$G_1 = \left[\lambda(W_1)^{1-\sigma} + (1-\lambda)(W_2 T_{12})^{1-\sigma}\right]^{\frac{1}{1-\sigma}} = 1$$

$$G_2 = \left[\lambda(W_1 T_{12})^{1-\sigma} + (1-\lambda)(W_2)^{1-\sigma}\right]^{\frac{1}{1-\sigma}} = T_{12}$$

因为 $W_1 = 1$，$G_1 = 1$，所以可以推出 $\omega_1 = W_1 G_1^{-\mu} = 1$。于是上述 ω_1 与 ω_2 大小的比较问题就转化为 ω_2 是否大于 1 的问题。

$$\omega_2 = W_2 G_2^{-\mu} = T_{12}^{-\mu}\left[\frac{1+\mu}{2}T_{12}^{1-\sigma} + \frac{1-\mu}{2}T_{12}^{\sigma-1}\right]^{\frac{1}{\sigma}} \quad (5-31)$$

（5–31）式中的第一项 $T_{12}^{-\mu} < 1$，代表前向关联效应，并表明了这样

一个事实：区域 2 的农产品全部依靠进口，其农产品价格是区域 1 的 T_{12} 倍。（5-31）式中的第二项是两个区域收入的加权之和，区域 1 收入的权重为 $T_{12}^{1-\sigma}$，显然，$T_{12}^{1-\sigma} < 1$，这反映了区域 2 向区域 1 供应农产品时面临着运输成本方面的劣势；区域 2 收入的权重为 $T_{12}^{\sigma-1}$，显然，$T_{12}^{\sigma-1} > 1$，这反映了区域 1 向区域 2 供应农产品时，也面临着运输成本方面的劣势。

为分析上的方便，将（5-31）式写成：

$$H = \omega_2^\sigma = \frac{1+\mu}{2}T_{12}^{1-\sigma-\mu\sigma} + \frac{1-\mu}{2}T_{12}^{\sigma-1-\mu\sigma} \tag{5-32}$$

显然，当 $T_{12} = 1$ 时，即农产品不存在"冰山"运输成本时，可以得到 $H = 1$，从而 $\omega_2 = 1$，此时，可以得到命题：

命题 5.1：如果 $T_{12} = 1$，则有 $\omega_2 = 1$，这表明，当不存在运输成本时，农业生产的空间位置是无关的。

运用（5-32）式对 T_{12} 求一阶导数：

$$\frac{dH}{dT_{12}} = \frac{1+\mu}{2}(1-\sigma-\mu\sigma)T_{12}^{-(1+\mu)\sigma} + \frac{1-\mu}{2}(\sigma-1-\mu\sigma)T_{12}^{\sigma-2-\mu\sigma} \tag{5-33}$$

由于 $\sigma > 1$，所以有 $1-\sigma-\mu\sigma < 0$

当 $\sigma \to 1$ 时，意味着有较强的规模经济，同时有 $\lim_{\sigma\to1}(\sigma-1-\mu\sigma) = -\mu < 0$

由此可得：$\dfrac{dH}{dT_{12}} < 0$

于是，$H = H(T_{12})$ 作为 T_{12} 的函数是单调递减函数，所以有：
$H = H(T_{12}) < H(1) = 1$

从而有 $\omega_2 < 1$，即 $\omega_2 < \omega_1$，由此可以得到命题：

命题 5.2：当农业的规模经济较大，且运输成本较小时，农业的空间分布为地理集聚模式，并且这种地理集聚模式是稳定的。

如果把 H 看成是 σ 的函数 $H(\sigma)$，则可得：

$$\lim_{\sigma\to1}H(\sigma) = \lim_{\sigma\to1}(\frac{1+\mu}{2}T_{12}^{1-\sigma-\mu\sigma} + \frac{1-\mu}{2}T_{12}^{\sigma-1-\mu\sigma}) = T_{12}^{-\mu} < 1$$

显然，当 $\sigma \to 1$ 时，$H \to T_{12}^{-\mu} < 1$，即 $\omega_2 < 1$，即 $\omega_2 < \omega_1$，由此可以得到命题：

命题 5.3：规模经济越大，对地理集聚的支撑力也就越强，地理集聚模式就越加稳定。

如果把 H 看成是 μ 的函数 $H(\mu)$，则可得：

$$\frac{dH}{d\mu} = \frac{1}{2}(T_{12}^{1-\sigma-\mu\sigma} - T_{12}^{\sigma-1-\mu\sigma}) - \sigma(\frac{1+\mu}{2}T_{12}^{1-\sigma-\mu\sigma} + \frac{1-\mu}{2}T_{12}^{\sigma-1-\mu\sigma})\ln T_{12} < 0$$

显然，$H(\mu)$ 是严格单调递减函数，当 $\mu \to 1$ 时，$H < 1$，即 $\omega_2 < 1$，即 $\omega_2 < \omega_1$，由此可以得到命题：

命题 5.4：农业在经济体的份额越大，对地理集聚的支撑力也就越强，地理集聚模式就越加稳定。

总结以上四个命题，我们可以发现，农业生产空间布局的地理集聚格局之所以发生，是运输成本、规模报酬递增和农业在经济体的份额这三个因素所导致，并且，较低的运输成本、较高的规模报酬递增和较高的农业份额是维持农业地理集聚模式的重要条件。

二　农业地理集聚的影响因素

从空间角度看，农业地理集聚最基本的特征表现就是：在空间距离不扩大的情况下市场范围的扩大和运输成本的下降。规模报酬递增与运输成本结合起来，农业生产总是倾向于最接近于较大市场规模的区域，当许多农业生产者都有相同的决策时，农业地理集聚的空间外部性就被创造出来了。因此，透过现象看本质，农业地理集聚本质上是一种空间上的外在规模经济，是一种空间外部性。上述农业垄断竞争模型中的本地市场效应或者后向关联效应、价格指数效应或者前向关联效应，其实就是金融外部性，而运输成本的降低既是一种金融外部性机制，也是一种技术外部性机制。正如克鲁格曼（Krugman，1991）所指出，在不完全竞争和规模报酬递增条件下，金融外部性产生前后向关联从而导致产业地理集聚。同时，技术外部性也是农业地理集聚的重要来源，用教育、健康和培训衡量的农村人力资本的发展会提高一个区域的农业劳动力生产率，从而扩大该区域的农业总规模（Fujita，2005，2009）。技术外部性对于农业地理集聚有着三方面的作用：一是降低农业生产的平均成本，从而提高农业工资率；二是增加农产品种类，增强规模经济强度；三是交通运输技术的发展，有助于促进农产品运输成本的降低。

对于农业地理集聚的解释，除了空间外部性因素外，还有传统经济地理因素。任何单一因素都不能完全解释现实经济世界中的产业地理集聚。俄林（Ohlin，1933）认为，资源禀赋在地区间的差异，会导致各地区根据机会成本的高低来选择适合本地区的产业进行专业化生产，从而形成本地区该产业的专业化地理集聚。即使在新经济地理模型中，也没有否定资源禀赋这种传统比较优势在产业地理集聚决定机制中的重要性（金煜、陈钊等，2006；贺灿飞、朱彦刚等，2010），用比较优势理论和新经济地理理论来分析中国的产业地理集聚，都具有较强的解释力（黄玖立、李坤望，2006）。自然资源优势和集聚经济共同决定产业区位（Krugman，1991），进一步，自然资源优势、集聚经济和运输成本三个因素是区域经济学理论中用来研究产业地理集聚的"三块基石"。同时，在市场经济体制条件下，由于产业地理集聚所依赖的市场机制条件并不完善，制度和经济政策因素对产业地理集聚起着关键作用。相关研究表明，伴随改革开放以来的制度变化是理解中国产业地理集聚格局的重要视角（贺灿飞、谢秀珍等，2008）；制度的调整是导致地区间产业布局变化的重要因素，它既可以直接对产业布局产生作用，也可以通过经济地理的因素起间接作用；而且，制度的变化对某一具体的区域而言，还可以被视为导致其产业地理集聚的偶然事件（金煜、陈钊等，2006）。依此分析，制度因素对于分析农业地理集聚也是必不可少的。综上分析，本书认为，影响农业地理集聚的因素函数可以表示为：

F（农业地理集聚）＝F（自然资源禀赋因素；空间因素；空间外部性因素；制度因素）

如此，可以构建一个用于分析农业地理集聚影响因素的"自然资源禀赋—空间—空间外部性—制度"四维分析框架（见图5-4）。

第六节　本章小结

杜能的农业区位论和土地利用模型是最早的区位理论，为后来的产业地理集聚理论的发展提供了基础；而新经济地理理论则是目前研究产业地理集聚的主流经济学理论和强有力的理论分析工具。因此，本章就基于这两个经典理论对农业的空间布局模式和地理集聚的形成条件以及影响因素进行了分析。基于杜能的土地利用模型的分析发现，所有农业生产活动的配置都将以中心城市为核心，中心城市成为农业生产活动空间组织的枢纽；农业区位取决于农产品的单位产出和运输成本，单位产出相近的农业生产活动的区位分布主要取决于运输成本。由此，农业生产形成以中心城

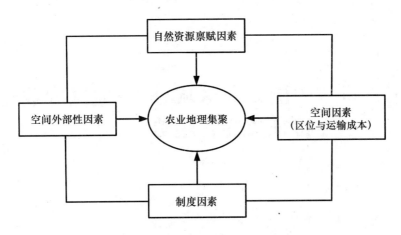

图 5 - 4　农业地理集聚影响因素的四维分析框架

市为核心的"杜能圈"空间布局模式。该模式下的农业生产率由内向外形成由高到低的梯度分布结构，并且每一个圈层都从事单一农产品的专业化生产，形成专业化集聚。这种专业化集聚实质上是一个区域分工组织问题，这种区域分工有利于不同地区农业生产空间类型和不同类型地区之间农业有序分工格局的形成。

从新经济地理理论的规模报酬递增和运输成本这两个核心思想或者核心假设着手，本书认为在农业中也存在规模报酬递增和运输成本，因而，新经济地理理论在农业地理集聚研究中具有适应性。通过构建农业垄断竞争模型的研究发现，运输成本是影响农业空间布局的关键因素，农业地理集聚与运输成本呈现出"倒 U 型"关系：当运输成本处于高水平时，区域间的农业份额平均分布，不会发生农业地理集聚；当运输成本处于中间水平时，区域间产生明显的农业地理集聚；当运输成本下降到极低水平时，区域间的农业份额开始趋同。农业生产的地理集聚格局之所以发生，是运输成本、规模报酬递增和农业在经济体的份额这三个因素所导致，并且，较低的运输成本、较高的规模报酬递增和较高的农业份额是维持农业地理集聚模式的重要条件。农业地理集聚本质上是一种空间外部性，基于此，本书构建了一个用于分析农业地理集聚影响因素的"自然资源禀赋—空间—空间外部性—制度"四维分析框架。

第六章 中国农业区域分工:地区专业化特征及变化趋势

自亚当·斯密开始,地区专业化分工就成为经济学家研究区域经济发展的重要内容(Kim,1995)。地区专业化要描述和解释的是这样一种经济现象:有些产业集聚在某一地区,而其他产业却集聚在其他地区。区域分工的结果就是各地区按照自己的优势实行专业化生产(梁琦,2009)。在中国,主要农产品生产的空间布局在全球化和市场化力量的共同影响下发生了显著变化(杜志雄、肖卫东,2010),农业区域化布局、专业化分工的趋势日益明显(苗齐,2003),尤其是,优势农产品生产日益向优势区域集聚,区域集中度稳步提高,区域专业化生产格局初步形成(农业部,2008)。但是,这些研究基本上还是局限在现象描述和定性分析上,相关的定量分析和实证研究尚不多见,特别是利用较长的时间序列数据对农业地区专业化程度的变化态势进行刻画和分析的研究更是鲜见。而且,现有研究都是从区域角度入手,分析区域间的农业产业分工差异以及区域内部的产业空间分布,很少从产业角度入手。对一个国家产业的地区专业化水平及其趋势进行分析,通常有两条路径:一是产业路径,对产业中各行业的地区专业化水平及其趋势进行分析;二是地区路径,对产业在各地区的生产专业化水平及其趋势进行分析(Krugman,1991;Kim,1995)。鉴于此,本书将从产业和地区路径来深入考察和分析中国农业生产的地区专业化特征及其变化趋势,以反映中国农业区域分工的现状及其变化趋势。

第一节 测度指标

地区专业化具有多重均衡和不稳定的特征,其测度工作是一项十分复杂的工作,国内外学术界测度地区专业化的指标主要有:产业集中度指标

（ SCR_n 指数、$SHHI$ 指数和区域熵指数）、区位熵指数、$Hoover$ 专业化系数、$Theil$ 指数、克鲁格曼专业化指数，等等（魏后凯，2006）。这些指标，虽然可以从不同角度测度地区专业化，但都难免存在一些明显的缺陷（樊福卓，2007；吴安波，2009）。相对而言，樊福卓（2007，2009）构建和应用的地区专业化系数测度指标，更具有一般性，产业结构差异系数、空间分布差异系数、绝对利差及行业分工指数等指标，只是作为地区专业化系数的特例而存在。因此，本书采用樊福卓（2007，2009）构建和应用的地区专业化系数来对中国农业生产中各主要农产品的地区专业化程度进行测度和分析。

先对一些符号的含义作简单的说明。m 表示国家包括的地区数量，i 代表其中的一个地区（ $i = 1,2,3,\cdots,m$ ），n 表示农业体系中的农产品数量，j 代表其中的一种农产品（ $j = 1,2,3,\cdots,n$ ）。E_i^j 表示地区 i 农产品 j 的播种面积，则对于地区 i 农产品 j 可计算以下四个不同的比重:

（1）地区 i 农产品 j 的播种面积占该地区农作物总播种面积的比重（ s_i^j ）:

$$s_i^j = \frac{E_i^j}{\sum_{j=1}^{n} E_i^j} \tag{6-1}$$

（2）地区 i 农产品 j 的播种面积占全国农产品 j 播种面积的比重（ x_i^j ）:

$$x_i^j = \frac{E_i^j}{\sum_{i=1}^{m} E_i^j} \tag{6-2}$$

（3）地区 i 农产品播种面积占全国农作物总播种面积的比重（ x_i ）:

$$x_i = \frac{\sum_{j=1}^{n} E_i^j}{\sum_{i=1}^{m} \sum_{j=1}^{n} E_i^j} \tag{6-3}$$

（4）全国 j 农产品的播种面积占全国农作物总播种面积的比重（ s^j ）:

$$s^j = \frac{\sum_{i=1}^{m} E_i^j}{\sum_{i=1}^{m} \sum_{j=1}^{n} E_i^j} \tag{6-4}$$

樊福卓（2007，2009）构建和应用的地区专业化系数的计算公式和经济含义如下：

（1）地区 i 的专业化系数（FR_i），反映其与其他地区发生的贸易的相对规模，则有：

$$FR_i = \frac{1}{2}\sum_{j=1}^{n}\left|s_i^j - s^j\right| \tag{6-5}$$

（2）农产品 j 的地方化系数（FI_j），反映该农产品发生的地区间贸易的相对规模，则有：

$$FI_j = \frac{1}{2}\sum_{i=1}^{m}\left|x_i^j - x_i\right| \tag{6-6}$$

（3）地区专业化系数（F_{mn}），反映国家发生的地区间贸易的相对规模，则构建的地区专业化系数为：

$$F_{mn} = \sum_{i=1}^{m}(FR_i \times x_i) = \frac{1}{2}\sum_{i=1}^{m}\left[x_i \times \sum_{i=1}^{m}\left(\left|s_i^j - s^j\right|\right)\right] = \sum_{j=1}^{n}(FI_j \times s^j) = \frac{1}{2}\sum_{j=1}^{n}\left[s^j \times \sum_{i=1}^{m}\left|x_i^j - x_i\right|\right]$$

$$\tag{6-7}$$

可见，地区专业化系数（F_{mn}）既是 m 个地区的专业化系数的加权平均值（前两个等号），又是 n 种农产品的地方化系数的加权平均值（后两个等号）。F_{mn} 的取值范围为 $[0,(m-1)/m]$，当每个地区行业结构完全一致时，F_{mn} 的取值为 0；当各地区规模相同且实现完全的专业化分工时，F_{mn} 的取值为 $(m-1)/m$。

地区专业化系数（F_{mn}）除了具有明确的经济学含义之外，还具有以下两个特点：（1）殊途同归，即对于一个国家的地区专业化水平，无论是从产业路径入手，还是从地区路径出发，计算得出的结论都是一致的；（2）在开放经济中测度和探讨地区专业化问题，并且地区的相对规模因素具有明显的"内生"特性。在开放经济中，地区专业化系数的经济学含义是区域内地区间贸易和区域外贸易之和的相对规模。

基于全国和 29 个省区 1980—2010 年农作物播种面积及六种主要农产品的播种面积数据，按照樊福卓（2007，2009）构建和应用的地区专业化系数，分别计算出地区 i 的专业化系数和农产品 j 的地方化系数以及地区专业化系数，对这些系数进行研究分析，我们可以发现中国农业生产的地区专业化水平呈现以下特征和变动趋势。

第二节 中国农业生产地区专业化的产业特征 及其变化趋势

一 中国农业生产的地区专业化水平呈显著提高态势

图 6-1 显示，1980—2010 年，从地区和产业两个路径测度的中国农业生产的地区专业化系数（F_{mn}）基本呈现一致的变化趋势，整体上由 1980 年的 0.0475 上升到 2010 年的 0.1312，上升了 176.21%，年均上升 5.68%。这表明，农业生产的地区专业化程度和水平，在总体上呈现显著的稳步提高态势。同时，中国农业生产的地区专业化发展具有明显的阶段性特征，经历了显著的快速增强、明显的小幅增强和小幅减弱的阶段性演变趋势。在 1980—1999 年，其地区专业化系数由 1980 年的 0.0475 快速上升到 1999 年的 0.1041，年均上升率高达 5.96%。这表明，此期间中国农业生产的地区专业化呈现显著的快速增强态势。在 2000—2008 年，其地区专业化系数虽然在 2005 年、2006 年有所下降，但总体上仍然由 2000 年的 0.1099 上升到 2008 年的 0.1348，年均上升率为 2.52%，上升幅度较以前明显降低。这表明，此期间农业生产地区专业化虽然表现出了明显的快速发展趋势，但提高速度明显放缓。中国农业生产的地区专业化发展在经历了 1980—2008 年显著的快速增强趋势后，在 2009 年、2010 年表现

图 6-1 中国农业生产地区专业化的变化趋势（1980—2010）

出了微小的下降过程。这是否意味着农业地区专业化水平在 2008 年已经达到了历史上的一个极值点，抑或是短时期内的缓冲与调整。这种现象值得关注，也需要从理论和政策上寻求一个合理解释。

二　中国农业生产地区专业化的产业特征及其变化趋势

1. 从整个产业角度看，主要农产品生产的地方化程度呈现明显增强态势

主要农产品生产 FI_j 系数的简单算术平均值（见图 6 - 2），由 1980 年的 0.2729 上升到 2010 年的 0.3382。这表明，主要农产品生产的地方化程度呈现明显的增强趋势，并且具有明显的阶段性增强特征。1980—1994 年，FI_j 系数的简单算术平均值总体上呈现小幅上升趋势，由 1980 年的 0.2729 小幅上升到 1994 年的 0.2919，15 年间只上升了 0.019。这表明，此期间主要农产品生产的地方化程度有小幅增强趋势。1995—2010 年，FI_j 系数的简单算术平均值总体上呈现大幅上升趋势，由 1995 年的 0.3003 大幅上升到 2010 年的 0.3382，并于 2009 年达到最大值 0.3390，16 年间上升了 0.0379，这是 1980—1994 年期间上升幅度的两倍。这表明，此期间主要农产品生产的地方化程度呈现出显著的大幅度增强趋势。

从不同要素密集型农产品生产 FI_j 系数的简单算术平均值及其变化趋势来看（见图 6 - 2），土地密集型农产品和劳动密集型农产品生产的地区专业化水平表现出了具有明显差异的变化趋势。土地密集型农产品生产的地区专业化水平呈现显著的大幅增强趋势，其 FI_j 系数的简单算术平均值由 1980 年的 0.2822 稳步上升到 2010 年的 0.3741，上升了 32.57%；而劳动密集型农产品 FI_j 系数的简单算术平均值总体上处于基本不变的态势，这表明劳动密集型农产品生产的地方化程度在此期间基本无变化。

2. 大多数农产品生产的地方化水平都有了相当程度的增强，但增强程度差异明显

由图 6 - 3 可以看出，大多数农产品生产的地方化水平在近 30 年来整体上呈现增强态势，但增强程度差异明显。在六种农产品中，有五种农产品的地方化系数（FI_j）在整体上都呈现相当程度的上升趋势，这五种农产品分别是粮食、棉花、油料、糖料和水果。其中，以粮食 FI_j 系数的上升速度和幅度最大，其 FI_j 系数由 1980 年的 0.0295 快速跃升到 2010 年的 0.0640，上升了 116.91%，年均上升率高达 3.77%。虽然粮食生产地方

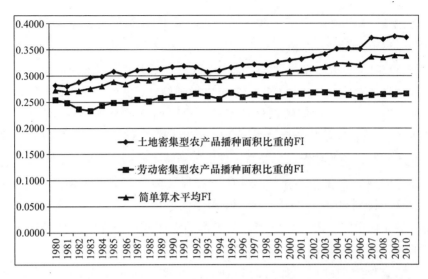

图6-2　中国主要农产品生产的总体和分类地方化系数的变化趋势（1980—2010）

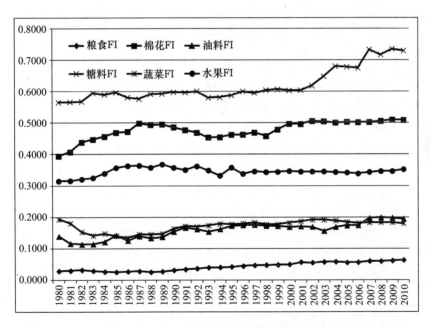

图6-3　中国六种主要农产品生产地方化系数的变化趋势（1980—2010）

化水平不高,其 FI_j 系数在 2010 年的最大值仅为 0.0640,但其地方化程度却表现出了较为显著的增强趋势。棉花、油料和糖料的 FI_j 系数也有较大幅度的上升,年均上升率分别达 0.93% 、1.28% 和 0.94% 。虽然糖料

FI_j 的上升幅度和速度不是很大，但其 FI_j 却是六种农产品中最高的，1980—2010 年的 FI_j 均值高达 0.6191，在 2009 年，其 FI_j 值达到最大值 0.7345。可见，糖料是六种农产品中地区专业化水平最高的农产品。这可以从糖料播种面积和产量的省区分布中得到验证，2009 年和 2010 年，广西、云南和广东三省区糖料播种面积占全国的比重分别高达 84.03% 和 82.91%，三省区糖料产量占全国的比重分别高达 89.63% 和 87.91%。棉花生产的地区专业化程度也较高，仅次于糖料生产的地区专业化程度。蔬菜生产的地方化系数（FI_j）呈现一定程度的下降趋势，由 1980 年的 0.1937 下降到 2010 年的 0.1805，下降幅度为 6.77%。并且，蔬菜生产的地区专业化程度不高，2010 年，其生产的地区专业化程度仅高于粮食生产的地区专业化程度。

把农作物播种面积比重及各种农产品播种面积比重的地方化系数（FI_j）对时间 T 进行线性回归，结果显示，农业及大多数农产品的回归系数都是正值，而且模型的拟合优度 R^2 值较高（见表 6 - 1）。这表明，农业及绝大多数农产品生产的地区专业化呈现稳步增强的趋势。其中，粮食和糖料的回归系数最大，这意味着这两种农产品生产的地区专业化程度上升速度较快。蔬菜的回归系数为负值，这意味着蔬菜生产的地区专业化程度呈现减弱趋势。这进一步验证和支持了上述结论。

表 6 - 1　　　中国农业及主要农产品生产地方化系数
对时间的回归系数（1980 —2010）

农业产业	农产品地方化系数对时间 T 的回归系数	R^2
总体	0.003 ***	0.925
粮食	0.004 ***	0.921
棉花	0.002 ***	0.753
油料	0.002 ***	0.820
糖料	0.003 ***	0.846
蔬菜	- 0.001 ***	0.648
水果	- 0.002 ***	0.749

注：①*** 表示农产品生产地方化系数对时间 T 的回归系数在 1% 水平上显著；②从 1980 年到 2010 年，共有 31 年数据，1980 年赋值为 1，其他年份的值 T = 年份数 - 1980 + 1。

3. 主要农产品生产呈现显著的中度地方化特征

以 2010 年地方化系数 FI_j 的标准差（0.2459）和均值（0.3382）[①] 对主要农产品生产的 FI_j 系数进行排序，可以将主要农产品生产的地区专业化分为三种类型（见表 6-2）：高度地区专业化型农产品（$FI_j \geq 0.5841$）、中度地区专业化型农产品（$0.0922 < FI_j < 0.5841$）和低度地区专业化型农产品（$FI_j \leq 0.0922$）。从表 6-2 中可以发现，2010 年，主要农产品中绝大多数都达到了中度地区专业化水平，农业生产具有显著的中度地方化特征。高度地区专业化型的农产品，只有糖料一种。棉花、油料、蔬菜和水果属于中度地区专业化型农产品。粮食属于低度地区专业化型农产品。

表 6-2　　　　2010 年中国主要农产品生产的地方化系数分类表

地区专业化类型	农产品	FI_j 系数
高度专业化型农产品（$FI_j \geq 0.5841$）	糖料	0.7289
中度专业化型农产品 $0.0922 < FI_j < 0.5841$	棉花	0.5086
	油料	0.1948
	蔬菜	0.1805
	水果	0.3522
低度专业化型农产品（$FI_j \leq 0.0922$）	粮食	0.0640

第三节　中国农业生产地区专业化的区域特征分析

一　省区农业生产专业化程度呈整体上的增强趋势，地区专业化分工进一步加强

从表 6-3 来看，1980—2010 年，中国各省区 FR_i 系数的简单算术平均值呈现稳步的快速上升趋势，由 1980 年的 0.0555 快速上升到 2010 年的 0.1504，上升率高达 170.99%，年均上升 5.52%。这表明，改革开放以来，中国省区农业生产的专业化程度呈现整体上的增强趋势，地区专业

[①] 路江涌、陶志刚（2005）以行业生产地区专业化系数的均值和标准差为分段标准，对各行业生产的地区专业化水平进行分类，把行业生产的地区专业化分为高度专业化、中度专业化和低度专业化三个层次。具体的划分方法是计算行业地区专业化系数的均值和标准差，大于均值与标准差之和的为高度专业化，低于均值与标准差之差的为低度专业化，居中的为中度专业化。借鉴该方法，我们对计算出来的 2010 年主要农产品生产的地方化系数也做了上述的标准划分。

化分工进一步加强。

　　分东部地区、中部地区和西部地区三大区域来看，2010 年，东部地区的 FR_i 系数值为 0.1593，明显高于全国平均水平；西部地区的 FR_i 系数值为 0.1546，也明显高于全国平均水平；而中部地区的 FR_i 系数值为 0.1337，明显低于全国平均水平。可见，东部地区农业生产的地区专业化程度明显高于中部地区和西部地区，东部地区农业专业化程度最高，其次是西部地区，中部地区农业专业化程度最低。但是，从三大区域农业生产专业化程度的变化趋势来看，三大区域农业生产的专业化程度都呈现快速提高的趋势，但是中部地区农业生产的专业化提高程度比东部地区和西部地区明显要快。中部地区 FR_i 系数的简单算术平均值由 1980 年的 0.0400 上升到 2010 年的 0.1337，上升率为 234.25%，年均上升率高达 7.56%，明显高于全国平均水平；而东部地区和西部地区 FR_i 系数的简单算术平均值分别由 1980 年的 0.0618、0.0611 上升到 2010 年的 0.1593、0.1546，上升率分别为 157.77% 和 153.03%，年均上升率分别为 5.09% 和 4.94%，明显低于全国平均水平。

　　中国农业生产的地区专业化程度之所以呈现中部地区要比东部和西部地区低，中部地区专业化程度提高速度比东部和西部地区快，实际上是因为农业生产的地区专业化程度反映了农业产业结构。近年来，东部地区省区大力发展制造业，从而成为制造业的主要集聚区域（罗勇、曹丽莉，2005；吴三忙、李善同，2009），这必然使东部地区部分省区农业弱化和农业产业结构更加单一化。同时，东部地区的部分农业正在向中部地区和西部地区梯度转移，由此形成中部地区和西部地区农业的相对多元化发展。由此，导致了东部地区农业生产较高的专业化程度。

　　分省区来看，在全国 29 个省区中，有 27 个省区的 FR_i 系数呈现整体上的普遍上升趋势，占 93.10%，但是，各省区的上升率差异较大，有 16 个省区的年均上升率超过了 5%，其中有 7 个省区的年均上升率超过了 10%，这 7 个省区按年均上升率高低，依次为浙江（29.54%）、福建（18.10%）、山西（16.87%）、广东（16.37%）、新疆（12.84%）、湖南（11.91%）和广西（10.72%）。可见，浙江 FR_i 系数的上升速度和幅度最大，其 FR_i 系数上升了 915.81%，年均上升率高达 29.54%。四川 FR_i 系数的上升速度和幅度最小，其 FR_i 系数的年均上升率仅为 0.34%。只有两个省区的 FR_i 系数呈现下降趋势，分别是辽宁和甘肃。

　　从各省区 FR_i 系数的分阶段变动趋势来看，农业生产主要省区的专业化增强趋势在 1980—1989 年间和 1990—1999 年间表现得更为普遍。1980—1989 年间，只有 3 个省区的 FR_i 系数呈下降趋势，有 26 个省区的 FR_i 系数呈上升趋势；1990—1999 年间，只有 5 个省区的 FR_i 系数呈下降趋势，有 24 个省区的 FR_i 系数呈上升趋势；而在 2000—2010 年间，有 11 个省区的 FR_i 系数呈下降趋势，有 18 个省区的 FR_i 系数呈上升趋势。

表 6 - 3　　中国主要农产品生产各省区的专业化系数（1980 —2010）

| | | 1980 | 1989 | 1990 | 1999 | 2000 | 2010 | 变化率（%） | | | |
								1980—1989	1990—1999	2000—2010	1980—2010
东部地区	北京	0.0620	0.1033	0.1105	0.1293	0.2151	0.1766	66.72	16.92	-17.92	184.87
	天津	0.0424	0.0644	0.0624	0.0869	0.1436	0.1337	51.79	39.39	-6.90	215.26
	河北	0.0358	0.1078	0.0918	0.0499	0.0528	0.0720	200.95	-45.61	36.38	100.98
	辽宁	0.0919	0.0833	0.0845	0.0887	0.0790	0.0655	-9.31	4.99	-17.11	-28.72
	上海	0.1792	0.1636	0.1600	0.1524	0.2371	0.2620	-8.72	-4.71	10.53	46.24
	江苏	0.0467	0.0372	0.0403	0.0467	0.0658	0.0676	-20.31	15.82	2.75	44.62
	浙江	0.0190	0.0341	0.0340	0.0343	0.0622	0.1928	79.60	0.70	209.96	915.81
	福建	0.0425	0.1119	0.1218	0.1859	0.2006	0.2809	163.46	52.68	40.02	561.25
	山东	0.0556	0.1030	0.1063	0.0588	0.0891	0.0822	85.27	-44.67	-7.79	47.77
	广东	0.0428	0.1486	0.1558	0.2036	0.2070	0.2600	247.07	30.68	25.62	507.51
	算术平均值	**0.0618**	**0.0957**	**0.0967**	**0.1037**	**0.1352**	**0.1593**	**54.85**	**7.24**	**17.83**	**157.77**
中部地区	山西	0.0214	0.0305	0.0320	0.0586	0.0661	0.1334	42.21	83.02	101.94	522.94
	吉林	0.0550	0.0769	0.0885	0.1337	0.1441	0.1976	39.72	51.03	37.10	259.13
	黑龙江	0.0756	0.1447	0.1478	0.1773	0.1871	0.2787	91.45	19.94	48.97	268.77
	安徽	0.0324	0.0569	0.0540	0.0867	0.0928	0.1006	75.76	60.49	8.35	210.74
	江西	0.0267	0.0468	0.0767	0.0893	0.0774	0.0503	75.21	16.42	-35.04	88.34
	河南	0.0329	0.0379	0.0378	0.0497	0.0502	0.0505	15.32	31.31	0.71	53.68
	湖北	0.0559	0.0579	0.0686	0.1358	0.1616	0.1642	3.47	98.01	1.61	193.50
	湖南	0.0200	0.0404	0.0385	0.0410	0.0308	0.0939	101.70	6.58	204.55	369.06
	算术平均值	**0.0400**	**0.0615**	**0.0680**	**0.0965**	**0.1013**	**0.1337**	**53.75**	**41.91**	**31.98**	**234.25**

续表

		1980	1989	1990	1999	2000	2010	变化率（%）			
								1980—1989	1990—1999	2000—2010	1980—2010
西部地区	内蒙古	0.0608	0.0983	0.0977	0.1272	0.1341	0.1756	61.74	30.19	30.98	188.86
	广西	0.0646	0.0792	0.0744	0.1910	0.1870	0.2793	22.58	156.59	49.39	332.41
	四川	0.0450	0.0520	0.0522	0.0648	0.0601	0.0498	15.46	24.19	-17.17	10.67
	贵州	0.0515	0.0764	0.0769	0.0749	0.0841	0.0755	48.41	-2.61	-10.23	46.57
	云南	0.0722	0.1089	0.1081	0.1262	0.1335	0.0818	50.85	16.76	-38.71	13.41
	西藏	0.0574	0.1111	0.1155	0.1528	0.1855	0.1249	93.54	32.36	-32.67	117.53
	陕西	0.0388	0.0624	0.0644	0.1052	0.1240	0.1433	60.96	63.22	15.57	269.65
	甘肃	0.0517	0.0669	0.0692	0.0623	0.0857	0.0484	29.32	-9.91	-43.52	-6.42
	青海	0.0996	0.1371	0.1397	0.2557	0.2577	0.2688	37.64	83.09	4.34	169.83
	宁夏	0.0546	0.0749	0.0708	0.1011	0.1184	0.0741	37.03	42.73	-37.41	35.65
	新疆	0.0760	0.1345	0.1593	0.3123	0.3035	0.3788	76.83	96.08	24.80	398.13
	算术平均值	0.0611	0.0911	0.0935	0.1430	0.1521	0.1546	49.10	52.94	1.64	153.03
算术平均值		0.0555	0.0845	0.0876	0.1166	0.1323	0.1504	52.25	33.11	13.68	170.99

二　主要省区农产品生产呈现显著的中度专业化特征

与产业路径相同，以 2010 年地区专业化系数 FR_i 的标准差（0.0916）和均值（0.1504）对各省区农产品生产的 FR_i 系数进行排序，可以将各省区农产品生产的地区专业化分为 3 种类型（见表 6-4）：高度专业化省区（ $FR_i \geqslant 0.2420$ ）、中度专业化省区（ $0.0589 < FR_i < 0.2420$ ）和低度专业化省区（ $FR_i \leqslant 0.0589$ ）。从表 6-4 中可以发现，2010 年，绝大多数省区的农产品生产都达到了中度专业化水平，农业生产整体上具有显著的中度省区专业化特征。主要农产品生产的中度专业化地区有 18 个，占样本分析地区的 62.07%。其中，东部地区省区 7 个，中部地区省区 5 个，西部地区省区 6 个。高度专业化地区有 7 个，占样本分析地区的 24.14%。其中，东部地区和西部地区省区各有 3 个，中部地区省区只有 1 个。有 4 个低度专业化地区，占样本分析地区的 13.79%。其中，中部地区和西部地区省区各有 2 个。可见，东部地区主要农产品生产的地区专业化水平较高，有 90.91% 的省区达到了中高度专业化水平，具有显著的

中度和高度地区专业化特征;中部地区和西部地区各有 75% 和 81.82% 的省区达到了中度和高度专业化水平,具有明显的中度和高度地区专业化特征。

表 6 - 4　　2010 年中国各省区农产品生产的地区专业化系数分类表

地区专业化类型	省区	FR_i 系数	省区	FR_i 系数
高度专业化省区（$FR_i \geqslant 0.2420$）	新疆	0.3788	福建	0.2809
	广西	0.2793	黑龙江	0.2787
	青海	0.2688	上海	0.2620
	广东	0.2600		
中度专业化省区（$0.0589 < FR_i < 0.2420$）	吉林	0.1976	浙江	0.1928
	北京	0.1766	内蒙古	0.1756
	湖北	0.1642	陕西	0.1433
	天津	0.1337	山西	0.1334
	西藏	0.1249	安徽	0.1006
	湖南	0.0939	山东	0.0822
	云南	0.0818	贵州	0.0755
	宁夏	0.0741	河北	0.0720
	江苏	0.0676	辽宁	0.0655
低度专业化省区（$FR_i \leqslant 0.0589$）	江西	0.0503	河南	0.0505
	四川	0.0498	甘肃	0.0484

三　农业生产地区专业化的地区相对规模因素具有明显的"内生"特征

一般来说,一个省区的国土面积较大,其农作物的播种面积相对也较大;一个省区的国土面积较小,其农作物的播种面积相对也较小。我们的计算结果显示,农作物播种面积相对规模较大的省区,其农业生产的专业化系数倾向于较低,农作物播种面积相对规模较小的省市,其农业生产的专业化系数倾向于较高,即农业生产主要省区的专业化系数与其农作物播种面积占全国比重呈现反方向的变动关系。这种现象突出表现在,2010年,新疆、青海、上海、福建等省区农作物播种面积占全国比重较低,分别为 2.96%、0.34%、0.25% 和 1.41%,但是,这四个省区都属于高度专业化地区，其农业生产的专业化系数分别高达 0.3788、0.2688、0.2620 和 0.2809。其中，新疆农业生产的专业化系数为全国第一。河南、山东和四川农作物播种面积占全国比重分别高达 8.87%、6.73% 和 7.99%，但是，这三个省区农业生产的专业化系数分别仅为 0.0505、0.0822 和 0.0498（见表 6 - 5），其中，河南和四川还属于低度专业化地区。2010 年，农业生产七个省区的专业化系数与其农作物播种面积占全国比重的相关系数为 - 0.8564，二者高度负相关（见表 6 - 5）。

表 6 - 5   2010 年中国农业生产地区专业化的地区相对规模特性

	地区的专业化系数	农作物播种面积占全国比重（%）
新疆	0.3788	2.96
青海	0.2688	0.34
上海	0.2620	0.25
福建	0.2809	1.41
河南	0.0505	8.87
山东	0.0822	6.73
四川	0.0498	7.99
相关系数	- 0.8564	

第四节   主要结论与政策启示

一   主要结论

本书运用 1980—2010 年的农产品播种面积面板数据，分别计算出 29 个省区各年的地区专业化系数和六种主要农产品的地方化系数，并从产业和地区角度对中国农业生产的地区专业化程度进行了特征和变动趋势的分析，研究发现，改革开放以来，在国家农业产业政策、区域政策、投入政策和科技政策的促动以及资源禀赋、市场化改革和经济全球化的影响下，中国地区农业产业结构和产品结构发生了显著变化，出现了地区专业化不断增强的表征，具体表现在：

1. 从国家地理标度上看，从产业与地区两个路径测度的农业地区专业化系数呈现一致的快速上升变化趋势。这表明，中国农业生产的地区专业化水平，在总体上呈现显著的稳步提高态势。但是，这种显著提高态势在 2009 年和 2010 年表现出了微小的下降调整。这种现象值得关注，也需要从理论和政策上寻求合理解释。同时，中国农业生产地区专业化发展还具有明显的阶段性特征，相较于 2000—2010 年，1980—1999 年的农业生产地区专业化水平增长速度较快。

2. 从产业层面上看，中国六种农产品生产地方化系数 FI_j 的简单算术平均值呈现明显的上升态势，这表明，主要农产品生产的地区专业化程度呈现明显的增强态势，并且，相较于 1980—1994 年，1995—2010 年主要农产品生产地区专业化程度的增强态势更为显著。从农产品来看，除蔬菜外，其他五种农产品生产的地区专业化程度呈现明显增强态势，但不同农产品的增强态势存在明显差异。2010 年，主要农产品生产呈现显著的中度地方化特征。糖料属于高度地区专业化型农产品，棉花、油料、蔬菜和水果属于中度地区专业化型农产品，而粮食属于低度地区专业化型农产品。值得关注的是，虽然粮食生产的总体地方化水平不高，但其地方化系数 FI_j 的上升速度和幅度最大，地区专业化程度表现出了较为显著的增强趋势。

3. 从三大区域层面上看，东部地区农业生产的地区专业化程度明显高于中部地区和西部地区，东部地区农业专业化程度最高，中部地区农业专业化程度最低。并且三大区域农业生产的地区专业化程度也都表现出了显著增强态势，但是中部地区专业化提高速度明显快于东部地区和西部地区。

4. 从省域地理标度上看，29 个省区农业生产的专业化系数 FR_i 的简单算术平均值呈现稳步的快速上升趋势。这表明，改革开放以来，中国省区农业生产的地区专业化程度呈现整体上的增强趋势，地区专业化分工进一步加强。分省区来看，在 29 个省区中，有 27 个省区农业生产的地区专业化程度得到明显提高，尤以浙江、福建、山西、广东、新疆、湖南和广西提高的程度更为显著。只有辽宁和甘肃农业生产的地区专业化程度呈现下降趋势。2010 年，在 29 个省区中，有 18 个省区的农业生产达到了中度专业化水平，农业生产整体上具有显著的中度省区专业化特征。新疆、福建、广西、黑龙江、青海、上海和广东属于高度专业化省区，而江西、河南、四川和甘肃属于低度专业化省区。农业生产地区专业化的地区相对规模因素具有明显的"内生"特征，农业生产主要省区的专业化系数与其农作物播种面积占全国比重呈现反方向的变动关系。

二　政策启示

在中国工业化、信息化、城镇化深入发展中同步推进农业现代化，促进农业结构战略性调整和农业经济发展方式转变，必须将"合理优化调整农业生产的空间布局和农业区域分工，以促进农业生产的地区专业化发展"置于战略高度予以重视，并给予适当的政策扶持。为此，要充分发挥各地的比较优势，采取综合措施，促进优势农产品和特色农产品向优势产区集中，以促进优势农产品区域化、规模化和专业化生产水平显著提高，逐步形成具有国际竞争力的农业产业带；积极推进农业项目区建设和"一村一品"的专业化战略，以形成一批规模化、标准化、设施化、品牌化的现代农业产业示范区；强化区域农业功能，高效利用区域农业资源，以形成分工合理、优势互补、各具特色、协调发展的农产品区域布局。同时，还要搞好农业基础设施尤其是水利基础设施的区划和规划，引导农业区域分工体系的逐步形成，提高资源配置效率。

第七章 中国农业地理集聚的现状及变化趋势

当前，建设和培育规模化、特色化和专业化的农业地理集聚区，已成为世界农业发展的重要趋势。改革开放以来，随着市场化改革的推进以及中国农业与世界经济的融合，中国农业地理格局发生了明显变化，各级政府纷纷设立国家级、省区级、城市级以及县级的农业科技园区、农业示范基地等。无论是宏观还是微观尺度，中国的农业地理集聚现象都较为突出。优势农产品生产日益向优势区域集聚，区域集中度稳步提高，区域化和专业化生产格局初步形成（农业部，2008），农业产业布局的区域化特征日益明显，形成了明显的产业带和块状生产布局。其中，东部地区重点围绕国际市场和城镇需求来发展效益农业，中部地区定位于粮棉等大宗农产品的主产区，西部地区重点发展生态、特色农业（张红宇、杨春华等，2009）。但是，上述研究中，有些是基于直观观察和认识的总结，有些仅仅停留在现象描述和定性分析上，缺乏对中国农业地理集聚程度及其长期变动趋势的定量分析和实证研究。地理集聚既是一个产业概念，也是一个空间概念，研究农业地理集聚应同时关注产业和空间维度。鉴于此，本书将采用定量和实证相结合的研究方法，运用区位基尼系数、产业集中率、地区产业平均集聚率、空间自相关统计等方法，从产业和地区两个方面系统和全面地考察1980—2010年中国农业在省区尺度上的地理集聚程度，以刻画和揭示20世纪80年代以来中国农业地理集聚的现状及变化趋势。

第一节 测度指标

测度产业地理集聚的方法和指标很多，主要有：标准差系数、产业集中率、产业空间集中指数、地理联系率、区位基尼系数、产业空间集聚指数（魏后凯，2006）。在相关文献研究中，被普遍使用的方法有区位基尼系数、产业集中率（贺灿飞、潘峰华，2007）和地区产业平均集聚率（范剑勇，2004）。考虑到指标的适应性和相应数据的可得性，结合相关代表性研究，我们选取区位基尼系数、产业集中率、莫兰指数（Moran's I）、地区产业平均集聚率四个指标，对中国农业的地理集聚程度、时空特征及其变化趋势进行深入和系统考察分析。

1. 区位基尼系数

基尼系数是测度收入分配不平等程度的重要指标，Keeble, et al. (1986) 最早将基尼系数应用于测度产业的地理分布。之后，克鲁格曼 (2000)、梁琦 (2004) 应用基尼系数来研究产业地理集聚问题。产业的区位基尼系数的计算公式为：

$$GINI_j = \frac{1}{2m^2\mu} \sum_{k=1}^{m} \sum_{h=1}^{m} \left| x_k^j - x_h^j \right| \tag{7-1}$$

（7-1）式中，$GINI_j$ 表示农产品 j 的区位基尼系数；m 为省区数量；k、h 表示省区；x_k^j 表示省区 k 农产品 j 的播种面积（或者总产值）在全国农产品 j 中的所占比重；x_h^j 表示省区 h 农产品 j 的播种面积（或者总产值）在全国农产品 j 中的所占比重；μ 表示各省区农产品 j 的播种面积（或者总产值）在全国农产品 j 中所占比重的均值。区位基尼系数的取值范围为 $[0,1]$，区位基尼系数越高，表明产业地理集聚程度越高。

2. 产业集中率

农产品 j 的集中率（CR_m^j）表示规模最大的前几个省区的播种面积（或者总产值）在全国所占的总份额，以反映某农产品生产在前几个地区的地理集聚状况和主要农产品地理集聚的地区性，其计算公式为：

$$CR_m^j = \sum_{i=1}^{m} x_i^j \tag{7-2}$$

（7-2）式中，m 为地区数，一般取 1、3、5，或者 10% 和 20% 的地区。该指标是借用产业集中分析中的市场集中率来分析地理集聚现象，其最大特点是直接指出了规模最大的一个或者几个地区所占的比重，由此判断其地理集聚程度。

3. 地区产业平均集聚率

虽然从产业（或者农产品）路径研究分析农业地理集聚状况，对认识其地理集聚程度及其变化趋势有一定意义，但是，从地区路径研究分析农业的地理集聚状况，对于认识和理解农业地理集聚更为深刻。因此，借用范剑勇（2004）提出的地区产业平均集聚率指标，来衡量各地区的农业地理集聚程度。该指标的计算公式为：

$$V_i = \frac{\sum_{j=1}^{n} x_i^j}{n} \qquad (7-3)$$

（7-3）式中，V_i 表示地区 i 主要农产品生产的平均地理集聚率，n 表示地区 i 的主要农产品数量。该指标表示地区农业的平均地理集聚率，直接衡量该地区农业的平均占有率，其取值范围为 $[0,1]$，取值越大，表示该地区农业的平均占有份额越大，农业生产的地理集聚程度越高。

4. 空间自相关系数：莫兰指数

在现代农业发展中，区域间农业生产要素的空间流动性和农业产出的跨区域流通性日益增强，导致了区域间农业生产表现出显著的空间溢出效应。而且，几乎所有的空间数据都具有空间自相关性的特征（Anselin，1988）。因此，考察农业地理集聚问题，还要检验其是否存在空间自相关性，农业是否集聚在相邻空间单元。在空间相关统计分析的应用研究中，普遍采用空间自相关系数（即莫兰指数）来检验是否存在空间自相关性（Anselin，2003；吴玉鸣，2004），空间自相关的检验与分析有全域空间自相关和局域空间自相关两种检验与分析方法。

（1）全域空间自相关检验与分析

全域空间自相关检验与分析主要通过全域莫兰指数（*Global Moran's I*）来进行，该指数主要是从区域空间的整体上揭示农业空间布局的集聚情况，说明农业是否存在空间自相关。农产品 j 的全域莫兰指数的计算公式为：

$$Moran's\ I_j = \frac{\sum_{k=1}^{m}\sum_{h=1}^{m} W_{kh}(x_k^j - \bar{x})(x_h^j - \bar{x})}{\frac{1}{m}\sum_{k=1}^{m}(x_k^j - \bar{x}) \times (\sum_{k=1}^{m}\sum_{h=1}^{m} W_{kh})} \qquad (7-4)$$

$$\bar{x} = \frac{1}{m}\sum_{k=1}^{m} x_k^j$$

其中，（7－4）式中，W_{kh} 为二进制的一阶邻近空间权重矩阵[①]，若第 k 个省区与第 h 个省区相邻，则 W_{kh} 取值为 1，否则 W_{kh} 取值为 0。

$Global\,Moran's\,I$ 指数的取值范围为 $[-1,1]$，绝对值越大，说明省区间农业生产的关联程度和空间自相关性越高。$Global\,Moran's\,I$ 指数值为正值，表示农业生产的空间布局具有正向空间自相关性，即农业生产在相邻省区分布的趋势较为明显；$Global\,Moran's\,I$ 指数值为负值，表示农业生产的空间布局具有负向空间自相关性；$Global\,Moran's\,I$ 指数取值为 0，则表示农业生产呈现随机的空间布局，为空间不相关。

（2）局域空间自相关检验与分析

$Global\,Moran's\,I$ 指数只是从整体上揭示农业生产是否存在空间自相关，无法科学揭示每一方向的局域空间自相关性。这就需要采用局域莫兰指数（$Local\,Moran's\,I$）、莫兰散点图和 $LISA$ 集聚图来考察农业可能存在的局域自相关性，考察每个省区对全域空间自相关的贡献度，找出高—高集聚区和低—低集聚区。省区 k 的局域莫兰指数的计算公式为：

$$Moran's\ I_k = \frac{(x_k - \bar{x})}{\sum\limits_{k=1}^{m}(x_k - \bar{x})^2} \times \sum\limits_{h \neq k}^{m} W'_{kh}(x_h - \bar{x}) \tag{7-5}$$

（7－5）式中，W'_{kh} 为标准化后的空间权重矩阵（每行加总的和为 1）。局域莫兰指数的期望值（$E_k(I_k)$）为：

$$E_k(I_k) = -\frac{\sum\limits_{h=1}^{m} W_{kh}}{m-1} \tag{7-6}$$

当 $Moran's\,I_k > E_k(I_k)$ 时，表示省区 k 的周围有一种相似农业生产的地理集聚现象，即存在一种正向的局域空间自相关倾向；当 $Moran's\,I_k < E_k(I_k)$ 时，则表示省区 k 与其周围省区的农业生产差别较大，即存在一种负向的局域空间自相关倾向。

莫兰散点图主要用于揭示省区农业生产局部空间的稳定性。莫兰散点图把整个空间划分为四个象限，分别对应四种空间关联类型：第一象限为

---

　　① 目前，常用的空间权重矩阵有二进制邻近、K 近邻和距离阈值。其中，二进制邻近空间权重矩阵有 $Rook$ 和 $Queen$ 两种标准，$Rook$ 标准通常适用于所有具有共同边界的邻近区域之间，有东南西北四个区位邻居；$Queen$ 标准通常适用于具有共同边界和共同邻接点的区域之间，有东南西北、角落邻接区域共八个邻居。本书采用 $Rook$ 标准的二进制一阶邻近空间权重矩阵。

高—高集聚类型，表示高农业生产的省区被高农业生产省区所包围；第二象限为低—高集聚类型，表示低农业生产的省区被高农业生产省区所包围；第三象限为低—低集聚类型，表示低农业生产的省区被低农业生产省区所包围；第四象限为高—低集聚类型，表示高农业生产的省区被低农业生产省区所包围。第一象限和第三象限揭示了正向局域空间自相关，第二象限和第四象限揭示了负向局域空间自相关。利用莫兰散点图可以识别某一省区农业与其邻接省区之间的空间关联形式，根据其在莫兰散点图中的象限位置，还可以进一步揭示农业空间布局中存在的地理集聚类型。

　　LISA(Local Indicators of Spatial Association)集聚图是一种应用较为广泛的衡量局域空间自相关性的方法，LISA集聚图分析可以更加直观地揭示农业生产水平的区域差异。当LISA集聚图通过1%、5%水平上的显著性检验时，如果某省区与其邻接省区的农业生产都为高值（高于均值）时，称为高—高集聚区；如果某省区与其邻接省区的农业生产都为低值（低于均值）时，则称为低—低集聚区。以上两种情况都属于某省区农业生产被具有相似农业生产属性值的省区所包围，这些省区属于地理集聚区，表示存在显著的正向局域空间自相关。如果某省区农业生产为高值，而周围省区为低值；或者某省区农业生产为低值，而周围省区为高值，则这些省区属于空间离群区，表示存在负向局域空间自相关。可见，LISA地理集聚区揭示了相邻省区具有相似农业生产属性值的地理集聚特征，尤其是将莫兰散点图与LISA集聚图分析结合起来，可更加全面地揭示每个省区农业生产的局域空间自相关性和异质性程度。

第二节　中国农业地理集聚现状

　　基于农业及主要农产品播种面积占全国的比重，本书计算了2010年农业及主要农产品的省区区位基尼系数（$GINI_i$）、前五位省区集中度（CR_5）和地区产业平均集聚率（V_i）来考察和分析农业及主要农产品生产的地理集聚态势。

一　中国农业生产具有显著的地理集聚特征

　　表7-1中的相关指标数据显示，中国农业生产具有显著的地理集聚特征。农业播种面积比重的加权区位基尼系数和六种农产品播种面积

比重的区位基尼系数都普遍较高，2010 年农作物播种面积比重的区位基尼系数达 0.4510，糖料播种面积比重的区位基尼系数最高，达 0.8493，棉花播种面积比重的区位基尼系数达到 0.7790，只有粮食播种面积比重的区位基尼系数在 0.450 以下，为 0.4187。从 CR_5 值来看，也可以得出农业生产具有较高地理集聚程度的结论，2010 年农作物播种面积比重的 CR_5 达 36.97%。在六种农产品中，有四种农产品播种面积比重的 CR_5 超过 45%，其中糖料播种面积比重的 CR_5 最高，达 90.95%，棉花播种面积比重的 CR_5 也较高，达 77.46%。从区位基尼系数和 CR_5 的比较来看，区位基尼系数较高的农产品，其 CR_5 也较高，两者之间表现出高度的一致性。

表 7 - 1　　　　　　　中国农业生产地理集聚现状（2010）

主要农产品	$GINI_j$	前五位省区及比重	
		前五位省区	CR_5（%）
总体	0.4510	河南、四川、黑龙江、山东、安徽	36.97
粮食	0.4187	黑龙江、河南、四川、山东、安徽	39.63
棉花	0.7790	新疆、山东、河北、湖北、河南	77.46
油料	0.4960	河南、四川、湖北、湖南、安徽	47.82
糖料	0.8493	广西、云南、广东、黑龙江、新疆	90.95
蔬菜	0.4511	山东、四川、河南、广东、江苏	41.34
水果	0.5003	广东、陕西、河北、新疆、广西	46.23

此外，我们还基于各省区农业总产值所占比重计算了农业生产的区位基尼系数，发现其区位基尼系数（0.4139）稍低于农作物播种面积区位基尼系数。从农业总产值的区位基尼系数值来看，也可以得出中国农业生产具有显著的地理集聚特征的结论。基于这两类数据计算的区位基尼系数所反映的农业地理集聚程度相同。

二　中国农业地理集聚具有较大的产业差异性

从土地密集型农产品（包括粮食、棉花、油料和糖料）和劳动密集型农产品（包括蔬菜和水果）播种面积比重的简单平均区位基尼系数和 CR_5 来看，土地密集型农产品的地理集聚程度明显高于劳动密集型农产品，前者播种面积比重的区位基尼系数高达 0.6357，比后者播种面积比重的区位基尼系数（0.4757）高出 0.16。土地密集型农产品播种面积比重的 CR_5 高达 63.96%，比劳动密集型农产品播种面积比重的 CR_5（43.79%）高出 20.17 个百分点。

分产业来看，糖料和棉花是最为集聚的农产品，区位基尼系数都在 0.7 以上，CR_5 都在 70% 以上；水果是较为集聚的农产品，区位基尼系数在 0.5 以上，CR_5 在 45% 以上；粮食、油料和蔬菜是相对集聚的农产品，区位基尼系数均小于 0.5，CR_5 均低于 50%。虽然，粮食播种面积比重的区位基尼系数不高，但其构成中的主要粮食作物的区位基尼系数普遍较高，不同粮食作物的地理集聚程度也具有较大的差异性。其中，大豆播种面积比重和小麦播种面积比重的区位基尼系数分别高达 0.7015 和 0.6814，是最为集聚的粮食作物；稻谷、玉米和薯类播种面积比重的区位基尼系数分别为 0.5926、0.5664 和 0.5428，是较为集聚的粮食作物。

三 中国农业生产地理集聚具有明显的地域梯度特征

从东部、中部、西部三大区域尺度上看，农作物播种面积按东部、西部和中部地区次序，存在明显上升的梯度分布特征，2010 年中部地区农作物播种面积比重高达 41.15%，比东部地区（26.46%）高出 14.67%，西部地区农作物播种面积比重为 32.29%。可见，中国农业生产的地理集聚区域主要集中在中部地区。从 2010 年农作物播种面积的省区分布来看，农业生产地理集聚的中部省区集中特征也较为显著（见表 7-1、表 7-2 和图 7-1）。东部地区的河北、山东和江苏，中部地区的河南、黑龙江、安徽、湖北和湖南，西部地区的四川、云南和内蒙古，这 11 个省区农作物播种面积的比重都在 4% 以上，而且在农作物及六种农产品播种面积比重的前五位省区中出现的频次较高。在这 11 个省区中，中部地区有 5 个，占 46%，并且这 5 个省区的农业平均地理集聚率也都较高，河南的农业平均地理集聚率高达 0.0715，农作物播种面积占全国比重最高，达 8.87%；安徽、湖北和湖南的农业平均地理集聚率均在 0.04 以上。

值得指出的是，农业产出按东部、中部和西部地区次序，则存在明显下降的梯度分布特征。东部地区农业产出的优势非常明显，2010 年东部

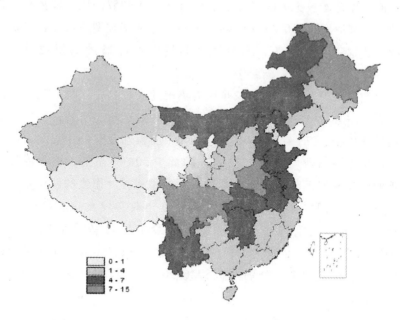

图 7 - 1　2010 年中国农作物播种面积比重的省区分布图

地区的农业产量比重和农业总产值比重分别为 37.16% 和 38.30%，明显高于中部地区的 32.94% 和 34.58%、西部地区的 29.90% 和 27.13%。可见，东部地区农作物播种比重较低，但其农业产出比重较高，而中部地区农作物播种面积较高，但其农业产出比重不高。这说明，农业生产率在三大区域的差距较大，从总体上看呈现东部、中部和西部地区依次递减的趋势。这与李静和孟令杰（2006）、李谷成（2009）、王珏和宋文飞等（2010）的研究结论是一致的，东部地区为高农业生产率地区，西部地位为低生产率地区。

四　主要省区农业生产呈现明显的中度地理集聚特征

参照前述路江涌、陶志刚（2005）的研究方法，以 2010 年中国各省区农作物播种面积比重的平均地理集聚率 V_i 的标准差（0.0291）和平均值（0.0345）对各省区农作物播种面积比重的 V_i 系数进行排序，可以将各省区农业生产的地理集聚分为三种基本类型（见表 7 -2）：高度地理集聚地区（$V_i \geqslant 0.0636$）、中度地理集聚地区（$0.0636 < V_i < 0.0054$）

和低度地理集聚地区（$V_i \leqslant 0.0054$）。从表 7 - 2 中可以发现，2010 年，中国绝大多数省区的农业生产都达到了中度地理集聚水平，农业生产整体上具有明显的中度省区地理集聚特征。在 29 个省区中，农业的中度地理集聚地区有 19 个，占 65.52%；高度地理集聚地区只有 4 个，占 13.79%；低度地理集聚地区有 6 个，占 20.69%。

表 7 - 2　　　　2010 年中国各省区农业的平均地理集聚率分类表

地理集中类型	省区	V_i 系数	省区	V_i 系数
高度地理集聚地区（$V_i \geqslant 0.0636$）	广西	0.1230	新疆	0.0801
	河南	0.0715	山东	0.0708
中度地理集聚地区（$0.0636 < V_i < 0.0054$）	河北	0.0617	四川	0.0603
	广东	0.0583	湖北	0.0551
	云南	0.0468	湖南	0.0466
	安徽	0.0420	江苏	0.0367
	陕西	0.0297	黑龙江	0.0283
	江西	0.0282	内蒙古	0.0232
	贵州	0.0201	甘肃	0.0200
	辽宁	0.0180	福建	0.0177
	浙江	0.0163	山西	0.0155
	吉林	0.0139		
低度地理集聚地区（$V_i \leqslant 0.0054$）	宁夏	0.0051	天津	0.0035
	青海	0.0030	上海	0.0020
	北京	0.0019	西藏	0.0008

第三节　中国农业地理集聚的空间自相关性

上述研究表明，中国省际农业生产表现出显著的地理集聚特征，但这种地理集聚特征是随机性的，还是特定性、规律性的，需要对其空间相关性作进一步检验。由于存在共同的农业投入品、农产品市场，或者为了获取集聚经济，同一农产品的生产具有相邻集聚布局的倾向；由于产业联系、相邻省区在产业发展政策上的相互模仿和学习，有些农产品生产的地理集聚可能会突破行政区划。因此，中国农业生产的空间布局可能存在空间自相关，而且随着中国市场化改革的深化、加入 WTO 对农业的影响以及农业全球化力量的日益强大，中国农业生产布局的空间自相关程度也可能发生变化。因此，基于农作物及主要农产品播种面积所占比重，本书计算了 1980—2010 年主要农产品的省区空间自相关系数——全域莫兰指数（*Global Moran's I*）来考察和分析不同农产品生产的空间自相关性和地理集聚态势。

一　在整体上，省域农业生产表现出显著的正向空间自相关性

表 7 - 3 中的计算结果数据显示，在正态分布假设下，1980—2010年，中国农作物播种面积比重的全域 *Moran's I* 指数值基本通过了在 1%、5% 或者 10% 水平下的显著性检验，且基本为正值。这说明，中国各省区自身的农业生产受邻近省区农业发展水平的影响较为显著，省域农业生产在空间上存在着高值省区与高值省区相邻、低值省区与低值省区相邻的情况。由此可知，中国农业生产在省域层级上具有显著的正向空间自相关性特征，即省域农业生产的空间分布是非随机的，而是呈现出相似值之间的地理集聚现象。

从整体上的发展趋势来看，中国省区农业生产的空间自相关性呈现小幅增强趋势，农作物播种面积比重的加总全域 *Moran's I* 指数，由 1980 年的 0.1514 小幅增加到 2010 年的 0.1600，这表明，1980—2010 年，中国农业生产整体上的地理集聚现象呈现逐步增强态势。从发展阶段看，省区农业生产的空间自相关性经历了 "先升、平稳波动、后降" 的发展历程：1980—1987 年，空间自相关性显著表现为急剧增强的态势，农作物播种面积比重的全域 *Moran's I* 指数从 1980 年的 0.1514 快速跃升到 1987 年的0.1816；1988—2003 年，空间自相关性表现出在小幅波动中逐渐平稳化的态势，全域 *Moran's I* 指数在 0.1600 ~ 0.1800 之间小幅波动；2004—2010 年，空间自相关性呈现出明显的下降态势，全域 *Moran's I* 指数由2004 年的 0.1735 下降到 2010 年的 0.1600。

中国农业生产空间自相关性的这种下降趋势变化，一种可能的解释是2003 年前的中国农业布局的计划色彩较为浓厚，各个省区追求 "大而全"的农业产业发展思路，相邻省区由于自然条件和资源禀赋较为相似，因此，在统计上显示农业生产空间布局具有在相邻省区集聚分布的特点。但是在进入 21 世纪尤其是中国正式加入 WTO 之后，农业生产空间布局更多

受到市场化力量和农业全球化力量的双重影响，农业发展进一步集聚到具有比较优势和区位优势的省区，打破了过去的集聚格局。同时，地方政府的保护主义政策和农业产业政策也更多地激励相关产业集聚在省区内部，而不是跨省区集聚。

表7-3　中国省区农作物播种面积比重的空间自相关性全域莫兰指数

	总体	粮食	棉花	油料	糖料	蔬菜	水果
1980	0.1514 **	0.1132 *	0.4328 ***	0.1710 **	0.2288 ***	0.2300 ***	0.1578 **
1981	0.1505 **	0.1161 *	0.4349 ***	0.2022 **	0.2315 ***	0.0493 *	0.1409 **
1982	0.1583 **	0.1168 **	0.4113 ***	0.2087 ***	0.2117 **	0.0634 **	0.1118 *
1983	0.1660 **	0.1303 **	0.3977 ***	0.2082 **	0.1773 **	0.1032 *	0.1088 **
1984	0.1740 ***	0.1374 **	0.4027 ***	0.1752 **	0.1851 **	0.1137 **	0.0928 *
1985	0.1790 ***	0.1468 **	0.3773 ***	0.2095 ***	0.2247 ***	0.1280 **	0.1150 *
1986	0.1816 ***	0.1614 **	0.3505 ***	0.2271 ***	0.2087 **	0.1512 **	0.1172 **
1987	0.1816 ***	0.1624 **	0.3391 ***	0.2343 ***	0.2321 ***	0.1741 **	0.1108 **
1988	0.1763 ***	0.1600 **	0.3590 ***	0.2199 **	0.2125 **	0.1927 ***	0.1054 *
1989	0.1719 ***	0.1543 **	0.3517 ***	0.2489 ***	0.2266 ***	0.2057 ***	0.0987 **
1990	0.1707 **	0.1639 ***	0.3470 ***	0.2685 ***	0.2139 ***	0.2215 ***	0.0823 *
1991	0.1687 **	0.1440 **	0.3707 ***	0.2737 ***	0.2113 **	0.2405 ***	0.0942 *
1992	0.1656 **	0.1389 **	0.3664 ***	0.2653 ***	0.2297 ***	0.2417 ***	0.1035 *
1993	0.1678 **	0.1469 **	0.3140 ***	0.3119 ***	0.2451 ***	0.2697 ***	0.1079 *
1994	0.1732 ***	0.1501 **	0.2937 ***	0.3243 ***	0.2154 ***	0.2812 ***	0.1079 **
1995	0.1695 **	0.1444 **	0.2677 ***	0.3401 ***	0.2276 ***	0.2804 ***	0.1455 **
1996	0.1696 **	0.1444 **	0.2096 ***	0.3532 ***	0.2260 ***	0.2819 ***	0.1257 **
1997	0.1656 **	0.1357 **	0.1556 **	0.3573 ***	0.2344 ***	0.2866 ***	0.1309 **
1998	0.1604 **	0.1358 **	0.1340 **	0.3526 ***	0.2373 ***	0.2814 ***	0.1277 **
1999	0.1630 **	0.1367 **	0.0807 **	0.3350 ***	0.2691 ***	0.2860 ***	0.1236 **
2000	0.1751 ***	0.1487 **	0.1341 **	0.3047 ***	0.2601 ***	0.2692 ***	0.1201 *
2001	0.1705 ***	0.1543 **	0.1676 **	0.3468 ***	0.2382 ***	0.2786 ***	0.0976 *
2002	0.1722 ***	0.1668 **	0.1869 **	0.3339 ***	0.2269 ***	0.2617 ***	0.0725 *
2003	0.1760 ***	0.1630 **	0.2208 ***	0.3147 ***	0.2293 ***	0.2760 ***	0.0601
2004	0.1735 ***	0.1632 **	0.2293 ***	0.3108 ***	0.2249 ***	0.2849 ***	0.0602
2005	0.1723 ***	0.1741 **	0.1790 **	0.2989 ***	0.2031 ***	0.2798 ***	0.0502
2006	0.1674 **	0.1805 **	0.1670 **	0.2866 ***	0.1945 ***	0.2569 ***	0.0462

续表

	总体	粮食	棉花	油料	糖料	蔬菜	水果
2007	0.1545 **	0.1863 **	0.0671 *	0.2712 ***	0.1557 ***	0.2722 ***	0.0412
2008	0.1512 **	0.1863 **	0.0617 *	0.2472 ***	0.1613 ***	0.2601 ***	0.0275
2009	0.1527 **	0.1787 **	0.0787 *	0.2605 ***	0.1703 ***	0.2611 ***	0.0235
2010	0.1600 **	0.1824 ***	0.0521 *	0.2577 ***	0.1562 ***	0.2527 ***	−0.0013

注：*、** 和 *** 分别表示全域 *Moral's I* 指数在 10% 、5% 和 1% 水平上显著。

分产业来看，大部分农产品生产也呈现出典型的正向空间自相关，但不同农产品的正向空间自相关性的演变趋势存在较大差别。在六种农产品中，除水果外，其他五种农产品播种面积比重的全域 *Moran'sI* 指数值都通过了 1% 、5% 或者 10% 水平下的显著性检验，且全为正值。粮食生产的空间自相关性呈现明显的逐步增强态势，其播种面积比重的全域 *Moran'sI* 指数由 1980 年的 0.1132 稳步上升到 2010 年的 0.1824。蔬菜生产的空间自相关性呈现显著的大幅增强态势，其播种面积比重的全域 *Moran'sI* 指数由 1981 年的 0.0493 快速上升到 2010 年的 0.2527。油料生产的空间自相关性在整体上也呈现明显的增强态势，其播种面积比重的全域 *Moran'sI* 指数由 1980 年的 0.1710 上升到 2010 年的 0.2577；油料生产的空间自相关性还具有显著的阶段性特征，在 1980—2001 年，其空间自相关性呈现显著的增强态势，其播种面积比重的全域 *Moran'sI* 指数由 1980 年的 0.1710 上升到 2001 年的 0.3468；但是在 2002—2010 年，其空间自相关性呈现明显的减弱态势，全域 *Moran'sI* 指数由 2002 年的 0.3339 下降到 2010 年的 0.2577。棉花、糖料播种面积比重的全域 *Moran'sI* 指数都呈现明显的下降态势，分别由 1980 年的 0.4328、0.2288 下降到 2010 年的 0.0521、0.1562，这表明，这两种农产品生产的空间自相关性呈现明显的逐步减弱态势。水果生产在 1980—2002 年具有显著的正向空间自相关性，但呈现明显减弱态势；2003 年之后，水果种植面积比重的全域 *Moran'sI* 指数值都未通过 1% 、5% 或者 10% 水平下的显著性检验。这表明，水果生产的正向空间自相关性逐步消失。

二　农业生产的空间分布存在明显的中心—外围模式

表 7-3 中的全域 *Moran'sI* 指数检验结果显示了各省区的农业生产在整体上表现出显著的非随机的正向空间自相关性，但全域 *Moran'sI* 指数无

法显示具体是在哪些省区出现农作物播种面积高（或者低）观测值的地理集聚，无法刻画省域农业生产的局域地理集聚性和局域空间自相关性特征。因此，本书利用 1980 年、1990 年、2000 年和 2010 年的 *Moran* 散点图与 *LISA* 集聚图来进一步揭示省域农业生产的局域空间自相关性，找出高—高集聚区和低—低集聚区。

在四个代表性年份的 *Moran* 散点图中（见图 7-2 和表 7-4），多数省区的地理集聚属性在样本期间较为稳定，变化不大。在 29 个省区中，2010 年，位于 *Moran* 散点图中第一象限的省区有黑龙江、山东、河南、

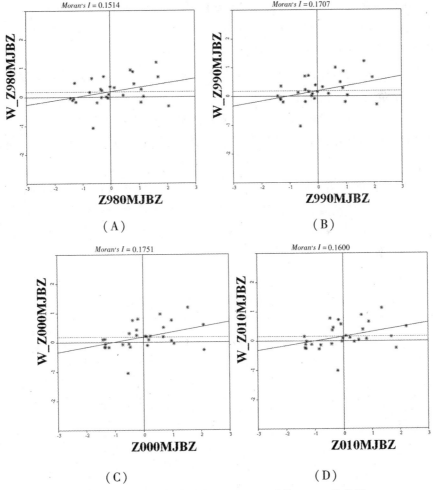

（A）　　　　　　　　　　　　　（B）

（C）　　　　　　　　　　　　　（D）

图 7-2　中国省区农作物播种面积比重的 *Moran* 散点图

河北、江苏、安徽、湖北、湖南、广西、云南，其农业生产表现为高播种面积比重的省区被高播种面积比重的省区所包围（高—高集聚）；位于第三象限的省区有新疆、甘肃、宁夏、青海、北京、天津、上海、浙江、福建、广东，其农业生产表现为低播种面积比重的省区被低播种面积比重的省区所包围（低—低集聚）；位于第二象限的省区有吉林、辽宁、山西、陕西、江西、贵州、西藏，其农业生产表现为低播种面积比重的省区被高播种面积比重的省区所包围（低—高集聚）；位于第四象限的省区只有内蒙古、四川，其农业生产表现为高播种面积比重的省区被低播种面积比重的省区所包围（高—低集聚）。综上分析可得，在 29 个省区中，有 20 个省区位于 *Moran* 散点图中第一、三象限，占 68.97%；位于第一象限的省区数占到了观测省区总数的三分之一多。这表明，中国各省区农业生产具有明显的空间差异性，呈现出显著的正向局域空间自相关和局域地理集聚特征，这进一步支持了上述结论。

分产业来看，2010 年，中国主要农产品生产均表现出显著的正向局域空间自相关性和局域地理集聚特征（见表 7-4）。29 个省区中，在粮食和蔬菜生产中，都有 21 个省区位于 *Moran* 散点图中第一、三象限，占 72.41%；在棉花和糖料生产中，分别有 20 个、23 个省区位于 *Moran* 散点图中第一、三象限，分别占 68.97%、79.31%；在油料生产中，16 个省区位于 *Moran* 散点图中第一、三象限，占 55.17%；在水果生产中，有 14 个省区位于 *Moran* 散点图中第一、三象限，占 48.28%。

表 7-4　　中国农业及主要农产品地理集聚的空间关联类型

	第一象限 （高—高集聚）	第二象限 （低—高集聚）	第三象限 （低—低集聚）	第四象限 （高—低集聚）
总体	黑龙江、山东、河南、河北、江苏、安徽、湖北、湖南、广西、云南	吉林、辽宁、山西、陕西、江西、贵州、西藏	新疆、甘肃、宁夏、青海、北京、天津、上海、浙江、福建、广东	内蒙古、四川
粮食	黑龙江、内蒙古、吉林、山东、河南、江苏、安徽、湖北、湖南、云南、河北	辽宁、山西、陕西、宁夏、西藏、贵州、广西	北京、天津、甘肃、青海、上海、浙江、江西、福建、广东、新疆	四川

续表

	第一象限 （高—高集聚）	第二象限 （低—高集聚）	第三象限 （低—低集聚）	第四象限 （高—低集聚）
棉花	山东、河南、江苏、安徽、湖北、河北	辽宁、甘肃、北京、天津、山西、青海、西藏	黑龙江、内蒙古、吉林、陕西、宁夏、上海、浙江、江西、云南、贵州、福建、广西、广东、四川	新疆、湖南
油料	山东、河南、江苏、安徽、湖北、湖南、江西、贵州、四川	黑龙江、辽宁、甘肃、山西、陕西、青海、西藏、浙江、云南、广西、广东、河北	新疆、吉林、北京、天津、宁夏、上海、福建	内蒙古
糖料	广西、广东、云南	西藏、湖南、贵州、福建	吉林、辽宁、甘肃、北京、山西、天津、陕西、宁夏、青海、山东、河南、江苏、安徽、湖北、上海、浙江、江西、四川、河北、内蒙古	黑龙江、新疆
蔬菜	山东、河南、江苏、安徽、湖北、湖南、云南、福建、广西、广东、河北	陕西、山西、西藏、上海、浙江、江西、贵州	黑龙江、内蒙古、新疆、吉林、辽宁、甘肃、北京、天津、宁夏、青海	四川
水果	山东、河南、福建、广东、广西、湖南、甘肃	北京、山西、内蒙古、天津、宁夏、青海、西藏、湖北、江西、云南、贵州	黑龙江、吉林、辽宁、江苏、安徽、上海、浙江	新疆、陕西、四川、河北

图 7-3 中四个代表性年份的 *LISA* 集聚图更进一步地显示了中国省区农业生产存在显著正向局域空间自相关性的强烈证据，同时显示了更为直观的地理集聚格局和"中心—外围"模式。

（1）中国农业生产水平呈现显著不均衡的空间分布特征。东部地区的山东和中部地区的河南、安徽、湖北和湖南凭借其良好的自然条件和资源禀赋、完善的农业基础设施和交通运输条件、开放的市场体系以及优越的地理区位，其农业生产趋于呈现高—高集聚的空间分布特征，这五个省区是中国农业生产地理集聚的核心区域。并且，这五个省区在空间上相连

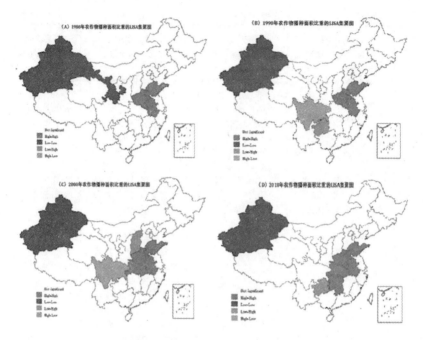

注：图中的四种集聚类型都通过了 5% 水平上的显著性检验。

图 7 - 3　中国省区农作物播种面积比重的 *LISA* 集聚图

成片分布，被同样是高农作物播种面积比重的省区所包围，由此形成高值与高值相邻的地理集聚带，农业生产具有较强的空间溢出效应。广大西部地区省区由于地理空间的阻隔、农业基础设施和交通运输条件的落后以及自然条件的恶劣等原因，其农业发展更多的是依靠要素投入的优化、农业技术水平的提高、自身农业产业结构的调整和国家政策的倾斜等，使得新疆、青海、宁夏、甘肃、西藏、内蒙古等省区的农业生产，呈现以新疆为核心的低—低集聚的空间分布特征。

　　（2）中国农业生产具有比较显著的"中心—外围"空间分布模式。与 1980 年、1990 年和 2000 年相比，2010 年农作物播种面积比重的 *LISA* 集聚图中，农业生产的高—高集聚核心区域明显扩大。1980 年的核心区域为山东、河南和安徽，2000 年的核心区域明显扩大到山东、河南、安徽和湖北，2010 年进一步扩大到山东、河南、安徽、湖北和湖南。这主要是因为，随着中国市场化改革的深入发展、区域经济一体化程度的不断增强和农业全球化力量的日益强大，农业生产高—高集聚区域中的省区在邻近空间上的合作和交流联系不断增强，使得劳动力、资本、农业机械等现代农业生产要素在省区之间的流动更加顺畅，农业技术、知识和信息的空间溢出效应不断增强，省区间的交通运输条件不断改善，农业基础设施的共享水平不断提高，这些方面有力地推动了相邻省区农业经济的联动发展，由此促进了区域农业产出水平的整体提高和农业经济实力的整体增强。

第四节　中国农业地理集聚的变化趋势

一　中国农业地理集聚表现出稳步增强的发展趋势

从图 7 - 4 中我们可以发现，中国农业的地理集聚表现出稳步增强的发展趋势，农作物播种面积比重的加权平均区位基尼系数，由 1980 年的 0.3910 稳步上升到 2010 年的 0.4510，并于 2007 年达到最大值 0.4589，31 年间上升了 15.35%，年均上升 0.5 个百分点。农作物播种面积比重的 CR_5 也表现出了相同的变化趋势，由 1980 年的 34.93% 稳步上升到 2010 年的 36.79%，并于 2007 年达到最大值 37.78%。

图 7 - 4　中国农业区位基尼系数的变化趋势（1980 —2010）

从各农产品播种面积比重区位基尼系数的变化趋势来看（见图 7 - 5），绝大多数农产品生产的地理集聚也呈现逐步增强的发展趋势。在六种农产品中，有五种农产品播种面积比重的区位基尼系数呈现逐步上升的趋势，这五种农产品分别是粮食、棉花、油料、糖料和蔬菜。其中，尤以棉花、油料和糖料地理集聚程度的增强最为显著，2010 年，它们的区位基尼系数分别比 1980 年显著上升了 0. 1034、0. 1094 和 0. 1293。这表明，相对于 1980 年，这些农产品生产在 2010 年更为集聚。粮食和蔬菜生产地理集聚程度的增强也较为显著，1980 年其区位基尼系数分别为 0. 3745 和 0. 3911，2010 年分别上升到 0. 4187 和 0. 4511，分别上升了 0. 0442 和 0. 0600。从农业及这五种农产品播种面积比重区位基尼系数的极大值与均值的比较来看，在 2007 年，它们的极大值都明显高于均值（见表 7 - 6），这也从另一方面证实了上述结论。只有水果种植面积比重的区位基尼系数呈下降趋势，由 1980 年的 0. 5385 下降到 2010 年的 0. 5003，下降了 0. 0382。这说明，水果生产的地理集聚呈现显著的减弱趋势。

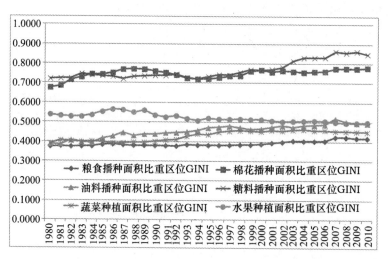

图 7 - 5　中国六种农产品播种面积比重区位基尼系数的变化趋势 (1980 —2010)

把农作物播种面积比重及各种农产品播种面积比重的区位基尼系数对时间 T 进行线性回归，结果显示，农业及大多数农产品的回归系数都是正值，而且模型拟合优度的 R^2 值较高，拟合程度都较高（见表 7 - 5）。这表明，农业及绝大多数农产品的地理集聚呈现稳步增强的趋势。其中，油料、糖料和蔬菜的回归系数最大，这意味着这三种农产品的地理集聚程度上升速度最快。水果的回归系数为负值，这意味着水果的地理集聚程度呈现减弱趋势。这进一步验证和支持了上述结论。

表7-5　　　　　中国农业播种面积比重区位基尼系数对时间的
回归系数（1980—2010）

农业产业	区位基尼系数对时间 T 的回归系数	R^2
总体	0.002 ***	0.919
粮食	0.001 ***	0.752
棉花	0.002 ***	0.884
油料	0.004 ***	0.911
糖料	0.005 ***	0.872
蔬菜	0.003 ***	0.810
水果	− 0.002 ***	0.813

注：①*** 表示区位基尼系数对时间 T 的回归系数在1%水平上显著；②从1980年到2010年，共有31年数据，1980年赋值为1，其他年份的值 T = 年份数 − 1980 + 1。

二　中国农业地理集聚的变化趋势具有显著的拐点特征和明显的阶段性特征

从表7-6中我们可以看出，农作物播种面积比重的加权平均区位基尼系数的极大值出现在2007年，达0.4589。这表明，农业整体地理集聚程度的峰值出现在2007年。在六种农产品中，有四种农产品播种面积比重区位基尼系数的极大值出现在2007年，这四种农产品分别是粮食、棉花、油料和糖料。这表明，这四种农产品地理集聚程度在2007年达到最大。因此，我们大体可以做出这样一个判断，在2007年，中国农业的地理集聚程度变化开始进入拐点，农业及大多数农产品的地理集聚程度在2007年进入最高位，之后便维持稳定或者开始下降。蔬菜种植面积比重的区位基尼系数的极大值出现在2004年。此外，只有水果地理集聚程度的最低值出现在2008年，农业及其他五种农产品地理集聚程度的最低值出现在1980年和1981年。

这表明，相对于20世纪80年代和90年代，农业及大多数农产品在进入21世纪以来都变得更为集聚了，中国农业地理集聚具有明显的阶段性特征。1980—1999 年，农作物播种面积比重的加权平均区位基尼系数呈现稳步的逐年小幅上升趋势，由 1980 年的 0.3910 上升到 1999 年的 0.4193，20 年间上升了 0.0283；2000—2007 年，区位基尼系数呈现稳步的大幅上升趋势，由 2000 年的 0.4233 上升到 2007 年的 0.4589，8 年间就上升了 0.0356；2008—2010 年，区位基尼系数呈现小幅下降趋势，由 2008 年的 0.4570 小幅下降到 2010 年的 0.4510。这表明，中国农业生产地理集聚趋势在整体上呈现"先小幅增强、随后显著增强（2000—2007）、后趋于减弱"的阶段性特征。这从农业及六种农产品播种面积比重的区位基尼系数在 2000—2010 年的均值，与 1980—1989 年均值和 1990—1999 年均值的比较中也可以得到印证。

表 7-6　　　　中国农业播种面积比重区位基尼系数的
均值和极值（1980—2010）

	均值				极大值及出现时间		极小值及出现时间	
	1980—2010	1980—1989	1990—1999	2000—2010	极大值	年份	极小值	年份
总体 GINI	0.4214	0.4034	0.4155	0.4432	0.4589	2007	0.3910	1980
粮食 GINI	0.3899	0.3791	0.3815	0.4075	0.4242	2007	0.3745	1980
棉花 GINI	0.7471	0.7353	0.7380	0.7661	0.7794	2007	0.6755	1980
油料 GINI	0.4549	0.4127	0.4600	0.4887	0.5194	2007	0.3854	1981
糖料 GINI	0.7669	0.7310	0.7406	0.8243	0.8629	2007	0.7200	1980
蔬菜 GINI	0.4302	0.3976	0.4338	0.4567	0.4633	2004	0.3911	1980
水果 GINI	0.5227	0.5452	0.5199	0.5048	0.5642	1986	0.4980	2008

三　中国农业地理布局变化：2010 年与 1980 年的比较

中国农业生产总体上趋于地理集聚，但是不同省区呈现不同的变化特征，我们对比研究时段的初年和末年的农业地理分布（见表 7-7）。总体上，2010 年与 1980 年相比，河北、江苏、广东、浙江、陕西、山西等省区的农作物播种面积在全国的比重明显下降。广东、江苏和浙江这三个东部沿海省区的下降，主要是其重力发展工业外向型经济和私营经济的结果，导致其农作物播种面积在全国的比重明显下降，分别由 1980 年的 4.52%、5.98% 和 3.15% 下降到 2010 年的 3.33%、4.74% 和 1.55%。陕西农作物播种面积占全国比重的下降，则主要是由其粮食和棉花播种面积的下降所致，其播种面积占全国比重分别由 1980 年的 3.68%、4.92% 下降到 2010 年的 2.87%、1.05%；山西农作物播种面积占全国比重的下降，则主要是由其蔬菜种植面积和棉花播种面积的下降所致，其播种面积比重分别由 1980 年的 2.97%、4.56% 下降到 2010 年的 1.20%、1.21%。河北的农业生产在 2001 年及以前，一直位列前五位省区，自 2002 年开始下滑到第六位省区，这主要是由其粮食播种面积的下降所致，其播种面积比重由 1980 年的 6.39% 下降到 2010 年的 5.72%，其地位也由 1980 年的第四位下滑到 2010 年的第六位。四川和山东两个省区的农作物播种面积在全国的比重有小幅下降，虽然如此，这两个省区仍然位列农作物播种面积、粮食播种面积、蔬菜种植面积的前五省区，其农业发展在全国仍然占据重要地位。

黑龙江、安徽农作物播种面积占全国的比重显著上升，尤其是黑龙江，其农作物播种面积占全国比重由 1980 年的 5.96% 快速上升到 2010 年的 7.57%，相应地其地位也由 1980 年的第六位上升到 2010 年的第三位。这主要得益于黑龙江在全国粮食生产中地位的跃升，在 1980 年，其粮食播种面积比重为 6.24%，位列全国第五位，到了 2010 年，其比重跃升到 10.43%，位列全国第一位，由昔日的"北大荒"发展成如今的"北大仓"。安徽的农业生产在全国的地位也发生了跃升，由 1980 年的第八位跃升到 2010 年前五位省区中的第五位，这主要是缘于其粮食播种面积的上升，其播种面积占全国比重由 1980 年的 5.14% 上升到 2010 年的 6.03%。

从各农产品生产分布的前五位省区变化来看，新疆和广西地位的提升最为突出。新疆在棉花、糖料和水果生产中的地位显著上升，它们的播种面积占全国比重分别由 1980 年的 3.68%、2.63% 和 2.75% 上升到 2010 年的 30.12%、3.95% 和 8.59%。广西地位的提升主要是缘于其糖料播种面积占全国比重的快速跃升，由 1980 年的 12.11% 快速跃升到 2010 年的 56.13%，上升了 44.02 个百分点。黑龙江在糖料和蔬菜生产中的地位显著下降，它们的播种面积占全国比重分别由 1980 年的 26.38%、10.45% 快速下降到 2010 年的 4.09%、0.97%，其在全国的地位也分别由 1980 年的第一位下滑到 2010 年的第四位和第二十三位。这是黑龙江改革开放以来大力发展粮食生产的结果，粮食播种面积的增加必然要减少糖料和蔬菜等其他农作物的生产，造成黑龙江农业生产结构发生了巨大变化。从 1980 年到现在，山东、河南在很多农产品门类中都具有举足轻重的地位，

2010 年均位列全国农作物播种面积比重的前四位。更为重要的是，山东兼具资源优势和沿海地位优势，而河南兼具资源优势和中原地位优势，同时，这两个省区还是人口大省，农业发展空间和潜力巨大。

表 7 - 7　　　　　　　中国农业播种面积比重前五位省区及其
变化（1980 —2010）

农业产业	1980 年		2010 年		比重变化
	前五位省区	比重	前五位省区	比重	
总体	四川、河南、山东、河北、江苏	34.93	河南、四川、黑龙江、山东、安徽	36.97	2.04
粮食	四川、河南、山东、河北、黑龙江	36.41	黑龙江、河南、四川、山东、安徽	39.63	3.22
棉花	山东、江苏、河南、湖北、河北	63.71	新疆、山东、河北、湖北、河南	77.46	13.75
油料	河南、山东、安徽、四川、内蒙古	37.95	河南、四川、湖北、湖南、安徽	47.82	9.87
糖料	黑龙江、广东、广西、吉林、内蒙古	70.25	广西、云南、广东、黑龙江、新疆	90.95	20.7
蔬菜	黑龙江、山东、河北、辽宁、湖南	38.86	山东、四川、河南、广东、江苏	41.34	2.48
水果	山东、辽宁、河北、河南、陕西	53.35	广东、陕西、河北、新疆、广西	46.23	-7.12

四　一些农产品呈现出高度集聚在少数省区的特征，地区性垄断趋势不断增强

从主要农产品播种面积占全国比重的 CR_5 值及其变化趋势来看（见表 7 - 7），一些农产品呈现出高度集聚在少数省区的特征。1980—2010年，粮食、棉花、油料、糖料、蔬菜播种面积占全国比重的 CR_5 值均呈现上升态势。可见，这五种农产品生产有明显的向前五位省区集聚的趋势，而且，其前五位省区基本上比较稳定，有些省区的产出规模还得到了进一步扩大。这表明，这五种农产品最初形成的地理集聚有自我强化的发展趋势。具体来说，粮食主要集聚在黑龙江和河南，棉花主要集聚在新疆和山东，油料主要集聚在河南和四川，糖料主要集聚在广西和云南，蔬菜主要集聚在山东、四川和河南；水果主要集聚在广东和陕西，它们的播种面积占全国比重都在9%以上（见图7-6）。值得关注的是，与农业地理集聚相伴随，一些农产品的地区垄断性趋势不断增强，突出表现为黑龙江在粮食上的垄断、新疆在棉花上的垄断、广西在糖料上的垄断，河南在油料上和山东在蔬菜上具有较强的垄断程度。

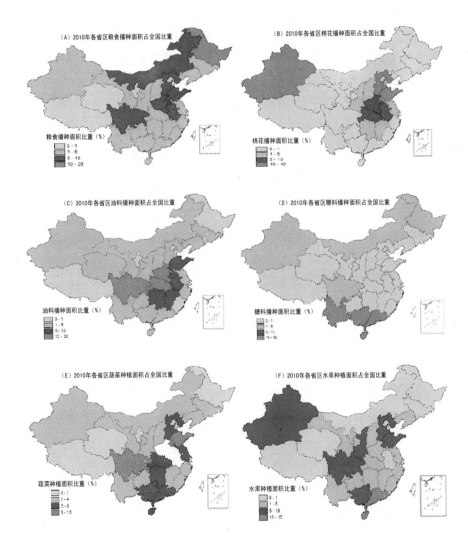

图7-6　2010年中国各种农产品播种面积比重的省区分布图

第五节 主要结论与政策启示

一 主要结论

运用 1980—2010 年的农产品播种面积面板数据，运用一般统计方法和空间统计方法，从产业和地区两条路径多角度考察中国农业及主要农产品地理集聚的现状及变化趋势。主要研究结论有：

1. 从整体上看，中国农业生产具有显著的地理集聚特征。农业地理集聚现象呈现不断增强的发展趋势，并且具有显著的拐点特征和明显的"先小幅增强、随后显著增强（2000—2007）、后趋于减弱"阶段性特征。2010 年，农作物播种面积比重的加权平均区位基尼系数达 0.4510，1980 年的区位基尼系数为 0.3910，31 年间上升了 15.35%。2007 年是中国农业地理集聚发展的重要拐点，因为农业整体、粮食、棉花、油料和糖料播种面积比重的区位基尼系数都在 2007 年达到最大值，随后维持稳定或者开始下降。

2. 从产业层面上看，中国农业地理集聚具有较大的产业差异性。土地密集型农产品的地理集聚程度明显高于劳动密集型农产品。在六种农产品中，糖料和棉花是最为集聚的农产品，水果是较为集聚的农产品，粮食、油料和蔬菜是相对集聚的农产品。1980—2010 年，六种农产品中，除水果外，其他五种农产品生产的地理集聚都表现出逐步增强的发展趋势，尤以棉花、油料和糖料地理集聚程度的增强更为显著。

3. 从地区层面上看，（1）农业生产地理集聚具有明显的地域梯度特征，主要省区农业生产呈现明显的中度地理集聚特征。从东部、中部、西部三大区域尺度上看，农作物播种面积按东部、西部和中部地区次序，存在明显上升的梯度分布特征，中国农业生产的地理集聚区域主要集中在中部地区。在 29 个省区中，农业生产的中度地理集聚地区有 19 个，高度地理集聚地区只有 4 个（分别是广西、新疆、河南和山东）。（2）黑龙江在全国农业尤其是粮食生产中的地位快速跃升，2010 年粮食生产位列全国第一，由昔日的"北大荒"发展成如今的"北大仓"。安徽的农业生产地位由 1980 年的第八位跃升到 2010 年的第五位。新疆和广西地位的提升也较为显著。山东、河南两省在很多农产品门类中都具有举足轻重的地位，更为重要的是，山东兼具资源优势和沿海地位优势，而河南兼具资源优势和中原地位优势，同时，这两个省区还是人口大省，农业发展空间和潜力巨大。河北、江苏、广东、浙江、陕西、山西等省区的农业生产地位有明显下降。（3）一些农产品呈现出高度集聚在少数省区的特征，粮食、棉花、油料、糖料和蔬菜的生产表现出明显地向前五省区集聚的趋势，这五种农产品最初形成的地理集聚有自我强化的发展趋势。值得关注的是，与农业地理集聚相伴随，一些农产品的地区垄断性趋势不断增强。

4. 中国的农业生产不管是在整体上还是在局部区域上，都表现出了显著的正向空间自相关性，呈现出一种较高农作物播种面积比重省区相对地趋于和较高农作物播种面积比重省区相靠近，或者较低农作物播种面积比重省区相对地趋于和较低农作物播种面积比重省区相靠近的空间关联结构。2010 年，在 29 个省区中，有 20 个省区位于 Moran 散点图中第一、三象限。这表明，中国农业生产的空间分布呈现非随机的地理集聚格局，农业生产的省际空间关联性和异质性非常明显，具有强烈的省际空间溢出效应。这个结论提供了中国省际农业生产在空间维度上的新认识。

5. 中国农业生产呈现明显的"中心—外围"空间分布模式。东部地区的山东和中部地区的河南、安徽、湖北和湖南的农业生产呈现出高—高集聚的空间分布特征，这五个省区在空间上相连成片分布，被同样是高农作物播种面积比重的省区所包围，由此形成高值与高值相邻的地理集聚带，是中国农业生产地理集聚的核心区域。而广大西部地区则呈现以新疆为核心的低—低集聚的空间分布特征。进入 21 世纪以来，中国农业生产高—高集聚核心区域明显扩大，这反映出农业生产高—高集聚区域中的省区，在邻近空间上的合作和交流联系不断增强的趋势。

二　政策启示

本章关于中国农业生产地理集聚指标所呈现的统计特征，以及地理集聚产业特征和空间特征分析的结果，在指示中国农业生产空间布局的演进和各地区农业生产结构的优化方向上，具有重要的信息价值和政策启示。加快建设现代农业和转变农业经济发展方式，提高土地产出率、资源利用率、劳动生产率，必须进一步优化农业生产力布局以推动农业生产的地理集聚。为此，（1）国家政策要引导生产要素在空间和农业产业上的优化配置，加快形成区域特色鲜明、产业分工合理、产业体系完备的现代农业产业集聚区，以提高农业地理集聚度。（2）各省区要立足区域资源禀赋和农业比较优势，综合考虑产业基础、市场条件以及生态环境等方面因素，充分重视农业生产中强烈的省际空间溢出效应，根据本地区农业的主体功能定位，进一步明确农产品优势区域的布局和产业发展目标。（3）加强农业地理集聚高—高集聚类型的核心区域建设，增强高—高集聚区域的空间联系带动力和辐射力；以核心区域为中心，结合国家区域经济发展战略，建立跨省区的"国家农业经济区"。（4）将黑龙江、安徽、山东、河南、四川作为中国现代农业建设和粮食主产区的重点推进区，尤其是对原来起点较高且增幅较大的黑龙江，要增强对其建设"北大仓"的各项政策支持。（5）随着一些农产品生产地区垄断性趋势的不断增强，要谨防"地区控制产业"现象的发生和深化，以及过度集聚可能带来的各种负面影响。

第八章　中国农业地理集聚影响因素的空间计量经济分析

空间统计研究的结论表明，中国省区农业生产在整体上和局部区域都表现出了显著的空间自相关性，农业生产的省际空间关联性和异质性非常明显，具有显著的地理集聚特征，而且这种地理集聚现象与农业生产的空间分布具有较好的一致性。这表明，某一省区的农业生产对其邻近省区的农业生产行为具有空间溢出效应，在农业生产行为研究和农业地理集聚研究中不应忽视空间纬度的相关性和异质性。因此，在研究农业地理集聚的影响因素时，如果忽视空间自相关性而直接使用普通最小二乘法估计的经典线性回归模型进行估计和检验，则可能导致不恰当的模型设定，这就要求使用纳入空间自相关性的空间计量经济模型来进行估计和分析。同时，中国不同农产品生产的地理分布及其地理集聚程度存在明显差异，这暗示不同农产品地理集聚的影响因素可能存在差异。因此，本章基于第五章中所建立的农业地理集聚影响因素的分析框架，建立用来考察和分析中国农业地理集聚影响因素的空间计量经济模型，对全部农业及主要农产品地理集聚的影响因素进行实证检验与分析。

第一节　理论假说的提出与变量设置

根据第五章构建的农业地理集聚的影响因素函数：F（农业地理集聚）=F（自然资源禀赋因素；空间因素；空间外部性因素；制度因素），以及空间外部性的技术外部性与金融外部性之分，本书把中国农业地理集聚的影响因素分为五类：一是自然资源禀赋因素。二是技术外部性因素，因为农业生产中的化肥、良种、农业机械、人力资本、信息等现代生产要素投入，可以反映农业技术进步，本身就是技术和知识溢出等技术外部性的体现。因此，本书采用农业现代生产要素投入来反映技术外部性。三是运输成本因素。四是金融外部性因素。五是制度因素。因为经济开放政策这一制度因素会通过经济地理和新经济地理的因素对产业地理集聚产生作用（金煜、陈钊等，2006），因此，本书采用农业对外开放来反映制度因素。

一　自然资源禀赋因素

相对于工业和服务业，农业对自然资源的依赖度更高，农业自然条件和所依赖的各种自然资源更是农业地理集聚形成的重要因素，而且可能还是原始动力，这种纯经济地理因素导致初始的农业地理集聚，通过新经济地理因素进一步强化农业地理集聚。因此，农业资源禀赋是形成农业地理集聚的"第一自然因素"和必要条件，这也是一些相关文献研究的共同结论。耕地和降水量等自然资源的分布决定了基本的农业区划，资源禀赋是中国农业产业布局区域化的自然基础（张红宇、杨春华等，2009），中国农业种植结构的空间分布主要由自然条件决定（梁书民，2006），离开了优越的资源禀赋条件，农业地理集聚就会丧失其生存和发展的基础（周新德，2008）。资源禀赋地区差异的存在，有利于促进农业产业环境和外部环境的改善，进而引起包括竞争状况、合作状态和企业家精神等因素在内的农业产业内的竞合互动，最终促成农业地理集聚的形成（王艳荣、刘业政，2011）。已有研究表明，气候变化和农业自然灾害已成为影响中国农业生产及其空间布局变化的重要因素（史培军、王静爱等，1997；李茂松、李章成等，2005），气候变化导致中国稻谷、小麦、玉米产业正分别向黑龙江、河南、内蒙古等气候资源匮乏地区转移或者集聚（周力、周应恒，2011），气候变化正在改变中国粮食产区的空间布局（王丹，2011）[①]。因此：

理论假说1：优越的自然资源禀赋能促进农业地理集聚，气候变化对农业地理集聚有明显影响。

自然资源禀赋包括的因素众多，表征气候变化的因素也较多，有降水量、日照和气温等，在研究中不可能选取全部的变量。但是，相关研究表明，耕地资源是各地区农业生产的重要自然资源，农村人口的人均耕地拥有量可以用来表示地区间所具有的自然资源禀赋上的差别（辛翔飞、刘晓昀，2007）。农业生产对降水量和农业水资源存量的依赖性非常强，从

---

① 引自黄艳：《气候变化改变中国粮食产区布局》，载《科技与生活》2011年第8期。

而影响着农业空间布局的变化。因此，本书采用农村人口的人均耕地面积来表示各省区自然资源禀赋的差异；采用降水量来表示气候变化对农业地理集聚的影响。

二 技术外部性因素

相互强化和具有国际竞争力的产业在一个国家或者地区形成地理集聚，其中的一个重要原因就是其钻石体系中的生产要素具有地理集聚性（Porter，1990）。从这个意义上来说，产业地理集聚的实质是要素集聚，产业地理集聚背后的主要推动力是要素集聚以及生产要素的不断进步。相关研究文献结论表明，农业经济增长源于劳动、土地、资本、技术等生产要素的投入。在经济全球化的背景下，传统农业生产要素密集度决定农业区域分工和空间布局变化的理论依然适用，但是更专业化的生产使得农业生产要素的内涵得到了极大拓展，农业技术、人力资本尤其是专业化人力资本和企业家、创新机制等非物质要素的作用趋于增强。正如相关研究所指出的，相对于资本的投入，农业技术（主要包括化肥使用、农业良种和农业机械等）的改进和运用对农业经济增长的作用更加明显（Simeon Ehui and Marinos Tsigas，2009）；而且，农业技术进步、市场的历史知识和人力资本对于农业产业集聚形成的重要性日益增强（Lee and Schrock，2002）。相对于资本的投入，农用机械是农业生产尤其是粮食生产的主要物质资料，可以反映农业技术进步（吕超、周应恒，2011）。在农业生产中，农村人力资本水平较高的地区，农业技术更容易传播和扩散，地区农业生产效率水平也较高（韩晓燕、翟印礼，2005；张永霞，2006）。可见，农业生产中农业机械、人力资本等现代农业生产要素的投入，就是技术和知识溢出等技术外部性的体现。因此：

理论假说2：农业技术外部性能促进农业地理集聚，农业技术和人力资本等现代农业要素能促进农业地理集聚。

本书主要关注其中的劳动力、农业机械和人力资本投入对农业地理集聚的影响。因为难以获取各省区农业种植业的从业人员数据，所以采用各省区农林牧渔业从业人员在全国农林牧渔业从业人员中的比重来替代表示各省区农业劳动力的投入，该指标还可以反映各省区农村劳动力的就业规模，用来表征规模经济程度。本书采用各省区单位播种面积的农用机械总动力表示各省区的农业技术投入指标。农业劳动要素投入不仅是劳动力的数量投入，更是农村人力资本水平和积累的反映。目前，国内外对人力资本的度量方法主要包括受教育年限法、教育经费法、学历指数法和技术等级法，其中，受教育年限法更接近实际，可以在很大程度上保证模型分析的客观性和一致性（王鹏，2006；胡宗义、张杰，2005），该方法在农村人力资本水平的测度研究中也得到了广泛应用（韩晓燕、翟印礼，2005；辛翔飞、刘晓昀，2007；陆文聪、梅燕，2007）。因此，本书取各省区农村居民家庭劳动力的平均受教育年限来表示各省区人力资本要素的投入，其计算公式如下：

$$Edu = prop_1 \times 0 + prop_2 \times 6 + prop_3 \times 9 + prop_4 \times 12 + prop_5 \times 16$$

$$(8-1)$$

（8-1）式中，$prop_1 \sim prop_5$ 分别表示各省区农村居民家庭劳动力中不识字或者识字很少、小学、初中、高中和中专、大专及大专以上的人口比重。

三　运输成本因素

在产业地理集聚理论中，运输成本始终是决定性变量。在考虑农业生产的空间布局时，运输成本是唯一的决定因素（Thunen，1826）；在工业区位的选择中，运输成本是必须要考虑的首要区域因素（Weber，1909；Christaller，1933）。运输投入的价格变化通过规模效应和替代效应，趋向于把分散的、遍在性的工农业生产格局演变为愈加集中的空间格局（Isard，1956）[①]。在新经济地理理论中，产业地理集聚是规模经济、运输成本和要素流动三大因素交互作用的结果。其中，运输成本是最具决定性的影响因素，因为，运输成本的变化会导致集聚向心力与离心力的力量对比。可见，运输成本—区域因素—集聚之间存在内在的逻辑关系，运输成本通过农业区位而影响农业经济活动的地理集聚，运输成本是形成农业地理集聚的基本影响因素。如果没有交通运输的快速发展和运输成本的降低，必将加大农业市场交易过程中的空间矛盾，影响各省区比较优势的发挥。从这个意义上来说，交通条件的不断改善是农业生产结构调整和空间

---

① 替代效应是指运输投入的价格变化，会引起具有优势资源和贸易路线的区位与具有劣势资源和贸易路线的区位之间，不断地进行分异与选择，从而产生运输投入对其他各种投入的替代，以及有利区位上的投入对不利区位上的投入的替代；规模效应是指运输投入的价格下降会引起工农业产量的增加。

布局优化的主要促动因素（Jacoby，2000；刘玉满，2002）。近年来，交通运输技术的快速进步和运输强度的持续增加，扩大了农业市场贸易并剧烈改变了农产品贸易的性质，更是农业市场交易扩大和农业分工深化的重要促动因素。中国四通八达的运输网络、较为完善的交通运输基础设施和先进的运输技术，为各省区农业自然资源的充分开发和利用、农用生产资料和农产品的顺畅流通、现代农业生产要素的区域集聚提供了便利条件，进而促进农业空间的合理布局和优化。运输成本的降低，意味着产业经济活动地理集聚程度的加强（世界银行，2009）。因此：

理论假说3：运输成本的降低能促进农业地理集聚。

目前，在中国，农产品的主要运输方式为铁路和公路。其中，铁路是跨地区长距离农产品运输的重要方式，公路是地区性、短距离农产品运输的主要方式，这两种运输能力及其布局对农业的空间分布具有重要影响。各省区的国内外市场通达性也会直接影响农业的空间分布。借鉴贺灿飞、谢秀珍等（2008）的研究，本书用交通密度来反映运输成本，交通密度越大，运输成本也就越低。各省区的交通密度值采用各省区公路里程与铁路营业里程之和，与各省区国土面积的比值来测度。

四　金融外部性因素

产业地理集聚除了受自然条件和要素禀赋影响外，还受到规模经济、劳动力市场效应、本地市场效应、专业化程度等集聚经济因素的影响。任何单一因素都不能完全解释产业地理集聚，集聚经济（主要指金融外部性）和自然优势（主要指比较优势）共同决定产业地理区位（Ellison and Glaeser，1997）。在中国的农业发展中，金融外部性因素同样影响农业地理集聚。市场化改革强化比较优势和集聚经济对农业地理区位的影响，农业外商直接投资和农产品贸易开放政策将中国农业发展融入全球经济，市场化改革和全球化激励中国农业的地理集聚以充分利用比较优势和集聚经济。规模经济、外部经济等内源动力机制是农业地理集聚发展的内在动力（周新德，2008），创立一个农产品的品牌需要在生产中利用一定规模的农民和土地，这有助于形成创立品牌的规模经济（藤田昌久，2009），而且，由于地区和产品品牌的创立，通常伴随着新产品的不断涌现，形成多元农业和农产品的复合营销渠道，从而扩大农产品的市场需求规模和市场范围。正如唐华俊、罗其友（2004）所指出的，市场需求规模、结构差异及其变化对农业地理集聚的形成具有决定性的影响。因此：

理论假说4：规模经济、市场需求、地区专业化等金融外部性因素能促进农业地理集聚。

对于集聚经济中的金融外部性因素，贺灿飞（2008）认为，可以用就业规模经济、本地市场需求、地区专业化程度和城镇化等来反映。其中，琼斯、罗默（2009）将城镇化促进货物、创意、资本和劳动力的流动，从而导致劳动者和消费者的市场范围扩大这一事实，归结为经济增长的新卡尔多事实之一。因此，本书采用各省区农林牧渔业从业人员在全国农林牧渔业从业人员中的比重来表示各省区的农业就业规模；借鉴范剑勇（2004）和刘修岩、贺小海（2007）的研究，本书采用人口密度来表示各省区人口对农产品的本地市场需求；采用各省区的城镇化水平来表示各省区的本地市场需求及其扩大效应；采用各省区的农业地区专业化系数来表示各省区的地方化经济和农业区域分工。

五 农业对外开放因素

早在半个多世纪以前，俄林（Ohlin，1933）就强调，要更好地解释产业区位和区际贸易模式，就应该把贸易理论与产业区位理论结合起来；艾萨德（Isard，1956）更是宣称，贸易与区位是"同一硬币的两面"，决定一面的力量同时也决定了另一面。这说明，对外贸易是影响和塑造一国或者地区产业地理的重要力量。以贸易开放为特征的对外一体化对一国国内的经济地理有着复杂影响，其中之一就是对其产业的空间分布产生影响（孙哲、刘建华，2007）。改革开放以来，全球化和加入WTO将中国农业带入到一个与其"封闭性"原状完全不同的开放经济的市场环境中，直接影响到了中国农产品贸易数量和贸易结构的变动，其中的一个突出表现就是土地密集型农产品进口和劳动密集型农产品出口的增加（杜志雄、肖卫东，2011），这会导致具有出口优势和面临进口压力农产品生产的省区分布发生变化。劳动密集型农产品出口的增加，使得在劳动密集型农产品生产上具有比较优势的省区，从其出口扩张效应中获利较大，从而促进这些省区发生比较活跃的农业结构调整，引起与出口密切相关的产业向这些省区集聚，由此导致农业地理区位的变化。因此：

理论假说5：农业对外开放程度的增强能促进农业地理集聚。

衡量农业对外开放的指标很多，考虑到相关数据的可获得性，本书采用各省区农产品出口值在全国农产品出口总值中的比重来表示各省区的农业对外开放程度。

第二节 空间计量经济模型及其估计技术

空间计量经济学是研究在横截面数据和面板数据的回归模型中如何处理空间交互作用和空间依存性结构问题的计量经济学（Anselin，1988），它不仅解决了标准统计方法在处理空间数据时的失误问题，更是为测量空间联系及其性质，并在建模时明确地引入空间联系变量，以估计与检验其贡献提供了有效的全新手段。空间计量经济学模型有多种类型（Anselin et al.，2004），主要包括适用于横截面数据的空间常系数回归模型和适用于面板数据的空间面板计量经济学模型。考虑到分省区相关时间序列数据的可获得性和准确性，本书主要使用横截面数据来建立空间常系数回归模型，以估计和实证检验中国农业地理集聚的影响因素。因此，以下就着重介绍纳入了空间自相关（或者空间依赖性）和空间差异性这两种空间效应的空间常系数回归模型。根据回归模型设定时对空间自相关性的体现方法不同，空间常系数回归模型主要可分为两种：空间滞后模型（SLM）和空间误差模型（SEM）。

一 空间滞后模型

SLM 模型主要考察各经济变量在某一地区是否有溢出效应，空间自相关性体现在因变量的滞后项中，该模型的基本表达式为：

$$Y = \rho Wy + X\beta + \varepsilon \qquad (8-2)$$

（8-2）式中，Y 为因变量（被解释变量）；Wy 为空间滞后因变量，是一个内生变量，反映了空间距离对区域行为的作用；W 为 $n \times n$ 阶的邻接空间权重矩阵；ρ 为空间自回归系数，该系数反映了样本经济变量观测值中的空间依赖作用，即相邻地区的经济变量观测值 Wy 对本地区经济变量观察值 Y 的影响方向和程度；X 为 $n \times k$ 的外生解释变量矩阵，参数 β 反映了外生解释变量 X 对因变量 Y 的影响方向和程度；ε 为随机误差项向量。

二 空间误差模型

经济变量的空间自相关性，如果体现在空间回归模型的误差项中，则空间常系数回归模型为空间误差模型（ SEM ），该模型的基本表达式为：

$$Y = X\beta + \varepsilon \qquad\qquad (8-3)$$

$$\varepsilon = \lambda W\varepsilon + \mu \qquad\qquad (8-4)$$

（8-3）式和（8-4）式中， ε 为随机误差项向量； W 为 $n \times n$ 阶的邻接空间权重矩阵。 λ 为 $n \times 1$ 的截面因变量向量的空间误差系数，即空间自相关系数，该系数反映了样本经济变量观测值中的空间依赖作用，即相邻地区的经济变量观测值 Y 对本地区经济变量观察值 Y 的影响方向和程度。 SEM 的空间依赖作用存在于扰动误差项中，度量了邻接地区关于因变量的误差冲击对本地区经济变量观察值的影响程度。参数 β 反映了外生解释变量 X 对因变量 Y 的影响方向和程度。 μ 为正态分布的随机误差向量。

在 SLM 和 SEM 中，可以带有常数项。由于空间常系数回归模型中的自变量具有内生性，因此，对 SLM 和 SEM 的估计如果仍然采用最小二乘法（ OLS ），则会导致模型的系数估计值出现有偏或者无效的情况。这就需要采用极大似然法（ ML ）、广义最小二乘法（ GLS ）或者工具变量法（ IV ）等方法来进行估计。Anselin（1988），Anselin and Bera（1996）建议采用极大似然法（ ML ）来估计空间常系数回归模型中的系数值。

三　空间自相关检验、选择空间滞后模型或者空间误差模型的判别准则

由于事先无法根据先验经验推断经济变量观察值的空间自相关性是否存在，以及存在于 SLM 和 SEM 两个模型的哪一个中，所以，有必要构建一种判别准则，以确定哪种空间常系数回归模型更加恰当和符合客观实际。这可通过 $Moran's\ I$ 检验、空间常系数回归模型残差的两个拉格朗日乘数 $Lagrange\ Multiplier(Lag)$ 、 $Lagrange\ Multiplier(Error)$ 以及它们的稳健性检验指标 $Robust\ LM(Lag)$ 、 $Robust\ LM(Error)$ 来综合进行判断。基于上述后四个检验指标，Anselin，Florax，et al.（2004）提出了以下判别准则：根据经济变量观察值的空间自相关性的检验指标结果，（1）如果 $Lagrange\ Multiplier(Lag)$ 较之 $Lagrange\ Multiplier(Error)$ 在统计上更加显著，并且 $Robust\ LM(Lag)$ 通过了显著性水平检验而 $Robust\ LM(Error)$ 没有通过显著性水平检验，则 SLM 为更加恰当的模型；（2）如果 $Lagrange\ Multiplier(Error)$ 较之 $Lagrange\ Multiplier(Lag)$ 在统计上更加显著，并且 $Robust\ LM(Error)$ 通过了显著性水平检验而 $Robust\ LM(Lag)$ 没

有通过显著性水平检验，则 *SEM* 为更加恰当的模型。

关于 *SLM* 和 *SEM* 的拟合优度检验，除了 R^2 检验指标外，常用的检验指标还有似然比率（*Likelihood Ratio*，*LR*）、自然对数似然函数值（*Log Likelihood*，*LogL*）、赤池信息准则（*Akaike Information Criterion*，*AIC*）、施瓦茨准则（*Schwartz Criterion*，*SC*）。一般来说，R^2、*LR* 和 *LogL* 值越大，*AIC* 和 *SC* 值越小，则 *SLM* 和 *SEM* 的拟合效果越好。这几个检验指标及其检验准则也适用于经典回归模型（*OLS*）与 *SLM*、*SEM* 拟合优度的比较，*LogL* 值最大的模型的拟合效果最好。

第三节　中国农业地理集聚影响因素空间计量经济模型的设定

在现有影响因素计量经济模型的研究文献中，表示被解释变量与解释变量之间关系的模型主要有单对数模型、双对数模型和分对数模型（即 *Logistic* 模型）（陈彦光，2011），其中，双对数模型最为常用（吴玉鸣，2007，2010；吕健，2011）。因此，本书选择双对数模型作为基本的回归模型结构，双对数模型一方面可以将被解释变量与各解释变量之间可能存在的非线性关系转换成线性关系；另一方面对被解释变量和各解释变量都取自然对数，还可以减少异常点、残差的非正态分布和消除异方差。考虑到有些解释变量的时间序列数据难以获取和中国农业地理集聚演变趋势的拐点特征，本书选择 2007 年被解释变量和解释变量 29 个省区的横截面数据，来建立相应的空间计量经济模型以实证检验和分析中国农业地理集聚的影响因素。依据前述理论假说和变量设置，本书选取的被解释变量和各解释变量的定义、变量符号及其预期作用方向见表 8 - 1：

表 8 - 1　　　　中国农业地理集聚影响因素模型中被解释变量和解释变量的说明

变量组及变量名称		变量定义	变量符号	作用方向
被解释变量	农业播种面积	各省区农业及农产品播种面积比重的对数	$LnBzmjbz_j$	-
自然资源禀赋	耕地资源	人均耕地面积的对数	$LnFarland$	+
	降水量	各省区降水量的对数	$LnRainfall$	+

变量组及变量名称		变量定义	变量符号	作用方向
技术外部性	农业机械	各省区单位播种面积农用机械总动力的对数	$LnMach$	+
	人力资本	各省区农村劳动力平均受教育年限的对数	$LnEdu$	+
运输成本	交通密度	各省区运输营业里程与其面积之比的对数	$LnTraden$	+
金融外部性	农业就业规模	各省区农林牧渔业从业人员比重的对数	$LnLabour$	+
	人口密度	各省区每平方公里土地所居住人口数的对数	$LnPopuden$	+
	城镇化	各省区城镇人口占总人口比重的对数	$LnUrban$	+
	地区专业化	各省区农业地区专业化系数的对数	$LnSpec$	+
对外开放	农产品出口	各省区农产品出口值比重的对数	$LnExport$	+

注：①各省区相关变量比重是指各省区相关变量在全国相关变量中的比重；②对数是指自然对数；③各省区运输营业里程是指公路里程与铁路营业里程的加总；④"＋"表示正向影响，"－"表示负向影响。

为了便于比较，本书首先建立基于 OLS 估计的经典回归模型：

$$LnBzmjbz = \alpha + \beta_1 LnFarland + \beta_2 LnRain\ fall + \beta_3 LnMach + \beta_4 LnEdu + \beta_5 LnTraden + \beta_6 LnLabour + \beta_7 LnPopuden + \beta_8 LnUrban + \beta_9 LnSpec + \beta_{10} LnExport + \varepsilon$$

$$(8-5)$$

（8-5）式中，α 为常数项，β_i，$i = 1,2,3,\cdots,10$ 为回归系数，ε 为随机误差项。

一　农业地理集聚影响因素的空间滞后模型

上述经典回归模型（8-5）式中，并未考虑各省区农业生产行为之间的空间联系。因此，为了更加精确地估算各解释变量对省区农业生产的影响方向和程度，回归模型必须考虑省区农业生产存在的空间自相关性。当把空间自相关性纳入到省区农业生产行为中时，某省区的农业生产不仅受到本省区资源禀赋、农业生产要素投入等因素的影响，而且还有可能受到邻接省区农业生产的空间溢出效应的影响。依此逻辑，我们就可以建立省区农业生产及其影响因素的空间滞后模型（ *SLM* ）：

$$LnBzmjbz = \alpha + \beta_1 LnFarland + \beta_2 LnRain\ fall + \beta_3 LnMach + \beta_4 LnEdu + \beta_5 LnTraden +$$
$$\beta_6 LnLabour + \beta_7 LnPopuden + \beta_8 LnUrban + \beta_9 LnSpec + \beta_{10} LnExport + \rho WLnBzmjbz + \varepsilon$$

$$(8-6)$$

（8-6）式中，ρ 为农业生产的空间自回归系数，估计值反映了空间自相关性的方向和大小，度量了地理上邻近省区农业生产的空间溢出效应；W 为一阶 *Rook* 空间权重矩阵，$WLnBzmjbz$ 为空间滞后变量，是地理上邻近各省区农业播种面积占全国比重的加权求和。

二　农业地理集聚影响因素的空间误差模型

在（8-6）式的 *SLM* 中，只是考虑了决定省区农业生产的本省区资源禀赋、农业生产要素投入等因素和邻近省区农业生产的空间溢出效应，而没有考虑邻近省区农业生产行为的误差冲击对该省区农业生产行为的影响。这些误差冲击项在地理上还可能存在空间自相关性，并对农业生产起着不可忽视的影响。再者，农业生产的空间自相关性不仅可以通过其空间滞后变量 $WLnBzmjbz$ 来体现，还可以通过扰动误差项来体现。依此逻辑，我们就可以建立省区农业生产及其影响因素的空间误差模型（ *SEM* ）：

$$LnBzmjbz = \alpha + \beta_1 LnFarland + \beta_2 LnRain\ fall + \beta_3 LnMach + \beta_4 LnEdu + \beta_5 LnTraden +$$
$$\beta_6 LnLabour + \beta_7 LnPopuden + \beta_8 LnUrban + \beta_9 LnSpec + \beta_{10} LnExport + \lambda LnW\varepsilon + \mu$$

$$(8-7)$$

（8-7）式中，λ 为农业生产的空间自相关系数（空间误差系数），该系数估计值反映了空间自相关性的方向和大小，度量了样本观察值的误差项对省区农业生产的空间误差溢出效应。W 为一阶 *Rook* 空间权重矩阵。μ 为正态分布的随机误差向量。（8-7）式的 *SEM* 表示：某省区受到的一个随机误差冲击不仅会影响该省区的农业生产，还通过空间误差项影响其他省区的农业生产，尤其是与该省区有公共边界或者距离较近省区的农业生产。

根据 Anselin（1988），Anselin and Bera（1996）的建议，本书也采用极大似然法来估计（8-6）式 *SLM* 和（8-7）式 *SEM* 中的相关参数。

第四节　空间计量经济模型的估计与检验结果分析

在利用空间计量经济模型进行估计和检验之前，一般需要进行变量的空间自相关性检验。对于上述构建的（8－6）式 SLM 和（8－7）式 SEM ，本书采用普通最小二乘法（ OLS ）获得了模型的估计误差，对其进行的空间自相关莫兰指数检验 $Moran's\,I\,(Error)$ 结果显示（见表8－2和表8－4）：农业及主要农产品 $Moran's\,I\,(Error)$ 的统计值均通过了1%或者5%或者10%的显著性水平检验，这表明，OLS 回归残差存在很强烈的空间自相关性，在相应的回归模型分析中不应该忽视农业生产的空间自相关性，并且再次验证了前述的研究结论：中国省域层级上的全部农业生产及各农产品生产确实存在着显著的空间自相关性，表现出非随机的地理集聚特征。因此，我们使用极大似然法（ ML ）对上述构建的（8－6）式 SLM 和（8－7）式 SEM 进行估计和检验是非常必要的。

一　全部农业空间计量经济模型的估计与检验结果分析

表8－2中对（8－6）、（8－7）两式进行 OLS 回归估计以及相应 SLM 、SEM 残差的两个拉格朗日乘数及其稳健性检验结果显示：$Lagrange\,Multiplier\,(Error)$ 的显著性水平为7.05%，而 $Lagrange\,Multiplier\,(Lag)$ 的显著性水平为15.87%；同时，$Robust\,LM\,(Error)$ 的显著性水平为2.98%，而 $Robust\,Lm\,(Lag)$ 的显著性水平为9.45%。显然，SEM 的拉格朗日乘数及其稳健性检验结果相对于 SLM 来说，更为显著。根据 Anselin，Florax，et al.（2004）提出的判别准则，我们可以得出一个初步的判断结论：（8－7）式 SEM 是更为可取的空间计量经济模型。同时，表8－3中基于 OLS 估计的经典回归模型和基于 ML 估计的 SLM 、SEM 的估计和检验结果显示：在 OLS 、SLM 和 SEM 三种回归模型中，SEM 的拟合优度 R^2 最高（0.9846），LR 值最大（6.6508），并且通过了在1%水平上的显著性检验，$LogL$ 最大，AIC 值和 SC 值最小。这表明，SEM 估计相应的这些检验指标值是三种模型中效果最好的，为三种模型中最可取的模型。因此，我们就将主要基于 SEM 的回归结果来实证分析中国全部农业地理集聚的影响因素。为了便于比较分析，本书也给出了使用 OLS 估计的经典回归模型和 SLM 的回归结果（见表8－3）。

表 8 - 2　　中国农业播种面积比重的空间自相关性
OLS 回归检验结果

Test	MI/DF	Value	P rob
Moran's I (Error)	0. 1078	2. 5218	0. 0117
Lagrange Multiplier (Lag)	1. 0000	1. 0027	0. 1587
Robust LM (Lag)	1. 0000	2. 0543	0. 0945
Lagrange Multiplier (Error)	1. 0000	2. 6874	0. 0705
Robust LM (Error)	1. 0000	2. 9571	0. 0298
Lagrange Multiplier (Sarma)	2. 0000	2. 5550	0. 0787

表 8 - 3　　中国农业播种面积比重影响因素的 OLS
回归估计和空间计量经济模型估计

Model	OLS			SLM			SEM		
Variable	β	t – statistic	P rob	β	Z – value	P rob	β	Z – value	P rob
Constant	- 1. 4060	- 0. 6150	0. 5462	- 0. 8717	- 0. 4716	0. 6372	1. 9226	1. 2785	0. 2011
LnFarland	- 0. 2306	- 2. 9088	0. 1510	- 0. 2637	- 2. 2443	0. 1248	0. 2275	2. 3424	0. 0000
LnRainfall	0. 4310	0. 2106	0. 0355	0. 5490	0. 3490	0. 0271	0. 5108	2. 1287	0. 0332
LnMach	0. 1652	1. 1706	0. 2570	0. 1734	1. 5866	0. 0126	0. 2319	2. 3849	0. 0171
LnEdu	1. 3139	1. 6518	0. 0160	1. 1746	1. 8834	0. 0596	1. 3163	3. 1886	0. 0014
LnTraden	0. 6862	2. 5769	0. 0711	0. 6962	2. 1299	0. 0585	0. 7548	5. 1599	0. 0000
LnLabour	0. 8500	7. 0792	0. 0000	0. 8615	9. 2679	0. 0000	0. 8786	13. 6970	0. 0000
LnPopuden	0. 4655	1. 7743	0. 0488	0. 2067	1. 2378	0. 0158	0. 9559	3. 2740	0. 0026
LnUrban	0. 13804	0. 2623	0. 0961	0. 1718	0. 4237	0. 0717	0. 5926	2. 2381	0. 0348
LnSpec	0. 1625	1. 2520	0. 0660	0. 1594	1. 5913	0. 0115	0. 9023	4. 3920	0. 0639
LnExport	0. 0582	0. 9380	0. 3607	0. 0580	1. 2136	0. 2249	0. 0617	1. 7157	0. 0862
ρ 或者 λ	—	—	—	- 0. 0932	1. 1984	0. 2308	1. 8062	8. 0122	0. 0000
R^2	0. 9757			0. 9768			0. 9846		
F 或者 LR	72. 4131 ***			1. 2621 *			6. 6508 ***		
LogL	8. 55132			9. 1824			11. 8767		
AIC	4. 89736			5. 6353			- 1. 7534		
SC	19. 9376			22. 0428			13. 2869		

注：* 和 *** 分别表示相关检验变量在 10% 和 1% 水平上显著。

1. 省域农业生产存在着显著的正向空间误差效应

SEM 估计的空间误差回归系数值为 1.8062，且通过了 1% 的显著性水平检验。这表明，中国各省区农业生产受到邻近省区误差冲击的影响非常明显，存在着显著的空间溢出效应，这种空间效应主要表现为被忽略的误差冲击效应。某一省区农业生产的变化与邻近省区之间存在一种正向的互动关系，各个省区的农业生产仍然处于集聚过程中，农业经济的省域一体化格局尚未形成。而 *SLM* 模型估计的空间自相关系数值为 -0.0932，且其显著性水平高达 23.08%。显然，中国邻近省区间的农业生产滞后，溢出效应尚未发生作用。这进一步验证，在中国省区的农业生产研究中，非常有必要考虑误差项冲击的空间溢出效应，如果忽略这种效应将导致回归模型出现有偏或者不一致的估计结果，也必将影响依据该估计结果给出的政策含义的科学性和有效性。

2. 自然资源禀赋对农业地理集聚具有明显影响，尤以降水量的影响作用更加显著

从影响农业地理集聚的自然资源禀赋因素来看，在选取的两个代表性指标变量中，*SEM* 的回归结果都通过了 1% 或者 5% 的显著性水平检验。这表明，由于各省区的农业自然资源禀赋具有显著的区域差异，因此在一定程度上会影响农业生产空间布局的变化。具体来看，*SEM* 中人均耕地面积变量的回归系数值符号尽管为正，并且通过了显著性水平检验，但其估计值较小，仅为 0.2275。而在 *OLS* 和 *SLM* 中，人均耕地面积变量的回归系数值均为负值，并且没有通过显著性水平检验。这表明，土地这种农业自然资源对省区农业生产的作用不明显，土地规模对农业生产的影响并没有像理论设想中那样起到显著的作用。在 *SEM*、*OLS* 和 *SLM* 中，降水量的回归系数分别为 0.5108、0.4310 和 0.5490，并都较好地通过了 5% 的显著性水平检验。这表明，水资源及其分布、气候变化对农业生产和农业地理集聚具有明显的正向作用，并且影响程度比较高。一个省区的农业布局、种植制度、农业生产潜力和农作物产量等都与农业气候资源的状况密切相关。

3. 人力资本、农业机械等技术外部性因素对农业地理集聚具有显著的正向作用

从技术外部性因素的 *SEM* 计量检验结果来看，农用机械总动力、农村人力资本和农业劳动力人数等要素投入变量均能较好地通过 1% 或者 5% 的显著性水平检验，并且这三个变量的回归系数均为正值。这表明，技术外部性因素对农业地理集聚具有明显的正向作用。值得关注的是，相对于 OLS 和 SLM 的回归结果，在纳入了空间误差效应的 SEM 中，农用机械总动力、人力资本和农业劳动力的回归系数变大了。这在一定程度上说明，农用机械总动力、农业劳动力及其人力资本日益成为影响省区农业生产的重要因素，中国农业生产中的技术投入密集度和人力资本密集度在逐渐加大，它们对农业地理集聚具有显著的正向作用。尤其是农业劳动力及人力资本两个要素在三个模型中的回归系数值都较大，前者在 0.8 以上，而人力资本更是在 1.1 以上，在 SEM 中高达 1.3163。这启示我们，在促进农业生产和优化空间布局的过程中，要高度重视高素质和高受教育程度劳动力在其中的作用，并不断加大对农村劳动力的教育和培训，提高农村人力资本水平。

4. 运输成本显著正向地影响农业地理集聚

表 8-3 SEM 中交通密度变量的回归系数高达 0.7548，且通过了 1% 的显著性水平检验；该变量在 OLS 和 SLM 中的回归系数分别达 0.6862 和 0.6962，并均通过了 10% 的显著性水平检验。交通密度变量的显著性，表明运输成本对农业地理集聚具有显著的正向作用。交通基础设施改善等同于市场一体化整合的效果（刘钜强、赵永亮，2010），它会强化既有的地区之间的农业分工、农业生产与农产品流通格局，使得农业生产进一步集中。首先，农业生产往往集中在经济欠发达和农业自然资源禀赋相对丰富的省区，而农产品消费和出口贸易多集中在经济较为发达的沿海省区，交通基础设施的改善使得农产品供应过程中的运输障碍得到一定程度的消除，农业产区因销售通畅，其生产会在销售市场范围和市场规模扩大的拉动下而进一步扩大。其次，对于利用季节差进行生产的蔬菜和水果，由于运输条件改善，其销售地域范围会得到更大扩展，市场销售规模得到扩大，从而导致其生产向产区的进一步集中。最后，全国、各区域、各省区及经济中心城市之间高速公路网络的建设，以及农村公路在新农村建设的进程中加快发展，使得地区性的农产品公路运输条件大为改观，这有效扩大了农产品的覆盖范围，也为地区性农业因经济中心城市农产品消费的多样性和规模化，围绕区域经济中心城市进行农业生产空间布局与产业结构

调整创造了条件。

5. 金融外部性因素显著正向地影响农业地理集聚，尤以地区专业化和本地市场规模的影响最为显著

在用来反映金融外部性因素的四个代表性变量中，*SEM* 中的回归系数值较大且均为正值，都通过了 10%、5% 或者 1% 的显著性水平检验。这四个金融外部性因素变量的显著性表明它们对农业地理集聚格局具有显著的促进作用。具体来说，地区专业化和以人口密度表征的本地市场规模的促进作用最为显著，回归系数值分别高达 0.9023 和 0.9559。地区专业化程度反映了省区农业产业结构特征和农业区域分工特征。因此，农业生产地区专业化程度的不断增强，会通过农业结构优化和区域分工深化的途径影响农业地理集聚格局的变化。一个省区的人口密度反映了该地区经济活动的密集程度及其自身市场规模的大小。某省区较高的人口密度意味着该地区庞大的农产品市场需求规模和巨大的农产品市场潜能，同时，较高的人口密度还可以促进农业技术和知识的交流和外溢，这些方面都会影响到该省区及邻近省区农产品的生产定位。因此，较高的人口密度可以通过本地市场规模和市场潜能所带来的较强金融外部性、技术和知识外溢所带来的较强技术外部性来促进和强化农业地理集聚。*SEM* 中农业从业人员比重变量的回归系数值为 0.8786，显著性水平为 1%。这表明，农业生产具有偏好于就业规模大的省区，就业的规模经济显著促进农业地理集聚。因为，市场规模效应与地区内产业从业人员数量有紧密联系（范剑勇，2004）。

城镇化水平变量的回归系数值为 0.5926，显著性水平为 5%。这表明，在农业地理集聚的诸多影响因素的背后，还隐藏着一股不容忽视的力量——城镇化，它对农业地理集聚格局会产生显著的正向影响。城镇化发展影响农业地理集聚格局的本质是以城镇市场对农产品的需求结构变动来带动农业生产空间布局的变动，主要通过以下四种机制：（1）人口变动引致的农产品市场需求规模及其需求结构变化；（2）城镇居民和农村居民收入水平提高引致的农产品消费结构变化；（3）城市资本、人才、技术等要素下乡引致的农业技术进步；（4）城镇空间布局变化引致的土地、农产品市场变化，从而导致农业产业结构发生变化。

在三种回归模型中，省区农产品出口值比重的回归系数均较小，在

OLS 和 *SLM* 的显著性水平分别高达 36.07% 和 22.49%，但在 *SEM* 中的显著性水平为 8.62%，通过了 10% 的显著性水平检验，而且回归系数都高于 *OLS* 和 *SLM*。这在一定程度上说明，农产品出口贸易对农业地理集聚还是有一定的正向作用的，只是影响程度没有理论设想和直观观察中那么大。这个回归结果有点出人意料，出现这种情况的具体原因需要进一步研究。

二　各农产品空间计量经济模型的估计与检验结果分析

基于粮食、棉花、油料、糖料、蔬菜和水果六种主要农产品，对 (8-6)、(8-7) 两式进行 *OLS* 回归估计以及相应 *SLM*、*SEM* 残差的两个拉格朗日乘数及其稳健性检验结果显示（见表 8-4）：粮食、棉花、糖料、蔬菜和水果这五种农产品的 *Lagrange Multiplier* (*Error*) 在统计上较之 *Lagrange Multiplier* (*Lag*) 更加显著，并且其 *Robust LM* (*Error*) 的显著性水平均高于 *Robust LM* (*Lag*) 的显著性水平。这表明，对于这五种农产品来说，*SEM* 是更为可取的空间计量经济模型。油料这种农产品的 *Lagrange Multiplier* (*Lag*) 在统计上较之 *Lagrange Multiplier* (*Error*) 更加显著，并且其 *Robust LM* (*Lag*) 的显著性水平高于 *Robust LM* (*Error*) 的显著性水平。这表明，对于油料这种农产品来说，*SLM* 是更为可取的空间计量经济模型。同时，这六种农产品基于 *ML* 估计的经典回归模型和基于 *ML* 估计的 *SLM*、*SEM* 的估计和检验结果显示（见表 8-5）：在 *OLS*、*SLM* 和 *SEM* 三种回归模型中，粮食、棉花、糖料、蔬菜、水果这五种农产品的 *SEM* 的拟合优度 R^2 最高、*LogL* 最大、*AIC* 值和 *SC* 值最小，而油料这种农产品的 *SLM* 的拟合优度 R^2 最高、*LogL* 最大、*AIC* 值和 *SC* 值最小。这表明，粮食、棉花、糖料、蔬菜和水果这五种农产品 *SEM* 估计相应的这些检验指标值，是三种模型中效果最好的，为三种模型中最可取的模型；而油料这种农产品 *SLM* 估计相应的这些检验指标值，是三种模型中效果最好的，为三种模型中最可取的模型。因此，我们就将主要基于 *SEM* 的回归结果来实证分析粮食、棉花、糖料、蔬菜和水果地理集聚的影响因素，基于 *SLM* 回归结果来实证分析油料地理集聚的影响因素。

表8-4　中国六种主要农产品播种面积比重的空间自相关性 OLS 回归检验结果

Test	粮食			棉花			油料		
	MI/DF	Value	Prob	MI/DF	Value	Prob	MI/DF	Value	Prob
Moran's I (Error)	0.1379	2.7988	0.0388	0.1770	3.2535	0.0011	0.0415	1.8207	0.0687
Lagrange Multiplier (Lag)	1	1.4246	0.1194	1	1.8526	0.1735	1	2.1432	0.0847
Robust LM (Lag)	1	1.2562	0.0362	1	4.4668	0.0346	1	2.9723	0.0432
Lagrange Multiplier (Error)	1	1.1244	0.0890	1	3.7215	0.0537	1	1.2612	0.1093
Robust LM (Error)	1	2.5029	0.0202	1	6.3356	0.0118	1	0.1020	0.1495
Lagrange Multiplier (Sarma)	2	1.7307	0.1209	2	8.1882	0.0167	2	0.9311	0.3346

Test	糖料			蔬菜			水果		
	MI/DF	Value	Prob	MI/DF	Value	Prob	MI/DF	Value	Prob
Moran's I (Error)	0.1647	3.1241	0.0018	0.0224	1.6187	0.0550	0.0824	1.2210	0.0610
Lagrange Multiplier (Lag)	1	1.6054	0.2051	1	0.4451	0.1329	1	1.3413	0.2468
Robust LM (Lag)	1	1.1850	0.1763	1	0.8467	0.1711	1	0.9881	0.3202
Lagrange Multiplier (Error)	1	3.0055	0.0830	1	1.0297	0.0863	1	1.4013	0.0526
Robust LM (Error)	1	2.5852	0.0787	1	1.0699	0.0914	1	1.0480	0.0863
Lagrange Multiplier (Sarma)	2	4.1906	0.1230	2	1.1144	0.0944	2	1.3894	0.0992

表 8 - 5　中国六种主要农产品播种面积比重影响因素的三种模型（OLS、SLM 和 SEM）检验变量的比较

Test Variable	粮食			棉花			油料		
	OLS	SLM	SEM	OLS	SLM	SEM	OLS	SLM	SEM
R^2	0.9420	0.9422	0.9634	0.8101	0.8583	0.8884	0.8456	0.8634	0.8559
LogL	11.4602	11.5893	17.2317	-62.5629	-60.2396	-60.0925	-26.5737	-25.1854	-26.2776
AIC	-0.920	0.821	-12.463	147.126	144.479	142.185	75.147	74.370	74.555
SC	14.119	17.228	2.576	162.166	160.887	157.225	90.187	89.595	90.778

Test Variable	糖料			蔬菜			水果		
	OLS	SLM	SEM	OLS	SLM	SEM	OLS	SLM	SEM
R^2	0.8381	0.8229	0.8800	0.9703	0.9703	0.9704	0.8320	0.8423	0.8497
LogL	-54.0903	-52.4374	-51.9651	5.0067	5.0319	5.0368	-28.5768	-27.8276	-27.2611
AIC	130.181	128.875	125.930	11.987	13.936	11.926	79.154	79.655	77.722
SC	145.221	145.282	140.970	27.027	30.344	26.967	94.194	96.063	92.762

表 8 – 6 报告了六种农产品播种面积比重影响因素的空间计量经济模型估计结果。估计结果显示：粮食、棉花、糖料、蔬菜 SEM 估计的空间误差回归系数 λ 均为正值，且都通过了 10%、5% 或者 1% 的显著性水平检验。这表明，中国各省区粮食、棉花、糖料和蔬菜生产存在着明显的正向空间溢出效应。尤其是粮食 SEM 中的空间误差回归系数 λ 值高达 5.9634，其正向空间溢出效应更为显著。而水果 SEM 估计的空间误差回归系数 λ 为负值，且通过了 10% 的显著性水平检验。这表明，中国各省区水果生产存在着明显的负向空间溢出效应。油料 SLM 估计的空间自回归系数 ρ 为正值，且通过了 5% 的显著性水平检验。这表明，中国各省区油料生产在地理空间的邻近上表现出了较强的溢出效应，油料生产的空间相互作用或者影响途径可以通过邻近省区而相互传递。

进一步考察各种农产品地理集聚的影响因素，发现还是存在明显的产业间差异，但一些农产品的影响因素具有一定的相似性。自然资源禀赋、农业要素投入、运输成本和集聚经济因素都能够在一定程度上较好地解释粮食生产的省区分布。其中，农村劳动力人力资本、运输成本、人口密度、城镇化和农业就业规模的影响尤其突出。降水量对粮食生产的省区也有较为突出的影响，其回归系数值达 0.6267，且通过了 5% 的显著性水平检验。农业生产的地区专业化对粮食地理集聚也有较大的正向影响作用。值得关注的是，在粮食的 SEM 中，农产品出口比重变量的回归系数通过了 1% 的显著性水平检验，其值为 0.1546。这表明，农业对外开放对粮食生产的地理集聚有着正向的影响作用。

在棉花生产地理集聚格局的影响因素中，人均耕地面积、农业机械总动力、农村劳动力人力资本、农业就业规模对其有着显著的正向影响作用，地区专业化也有着明显的正向影响作用。农业机械总动力之所以具有显著的正向影响作用，主要是因为在棉花主产省区（例如，新疆、山东、河北、河南）的棉花种植规模较大，十分有利于棉花生产的机械化作业，而这些省区较高的农业机械化水平，促进了棉花生产机械化作业水平的不断提高，有效降低了劳动力成本，提高了棉花生产的经济效益，从而激发和调动了农民生产棉花的积极性，导致这些省区棉花种植面积的不断扩大。降水量也会影响棉花生产的省区分布，但起着负向的影响作用。交通密度、人口密度、城镇化和农产品出口比重等变量都未通过 10%、5% 或者 1% 的显著性水平检验。这说明，这些因素对棉花地理集聚的影响在 *SEM* 中未能得到反映。

在油料的 *SLM* 中，人均耕地面积、农村劳动力人力资本、交通密度、农业就业规模、人口密度、城镇化、地区专业化都通过了 10%、5% 或者 1% 的显著性水平检验，且都为正值。这表明，这些因素对油料生产的地理集聚都有着明显的正向影响作用，尤以农村劳动力人力资本和交通密度的影响最为显著。

在糖料的 *SEM* 中，人均耕地面积、降水量、交通密度、农业就业规模、城镇化和地区专业化都较好地通过了 10% 或者 5% 的显著性水平检验，且都为正值。这表明，这些因素正向影响着糖料生产的地理集聚，其中尤以交通密度和农业就业规模的影响最为突出。虽然城镇化有正向影响作用，但其回归系数值仅为 0.0406，影响作用较小。

在蔬菜的 *SEM* 中，除了农业机械总动力变量没有通过 10%、5% 或者 1% 的显著性水平检验外，其他九个变量都较好地通过了三个层次的显著性水平检验，且都为正值。这表明，自然资源禀赋、农村劳动力人力资本、交通密度、集聚经济和农业对外开放等因素都在蔬菜生产的地理集聚过程中发挥着正向的影响作用。其中，农村劳动力人力资本的回归系数值最高，达 1.2903；交通密度和人口密度的回归系数值分别达 0.9671 和 0.9318，这三个变量的回归系数值都在 0.90 以上。这表明，这三个变量对蔬菜生产地理集聚的影响作用尤为突出。

水果 *SEM* 的估计结果显示，农村劳动力人力资本、交通密度、农业就业规模、人口密度、城镇化、农产品出口比重的回归系数都通过了 10% 或者 5% 的显著性水平检验，且为正值。这表明，这六个因素都对水果生产地理集聚发挥着明显的正向影响作用。尤以农村劳动力人力资本和城镇化的正向影响最为突出，它们的回归系数分别高达 1.3013 和 1.1357。农业对外开放也会正向影响水果生产地理集聚，但其影响作用不明显，农产品出口比重的回归系数值仅为 0.0731。值得关注的是，人均耕地面积的回归系数值较小且为负值，并且通过了 1% 的显著性水平检验。这表明，人均耕地面积对水果生产地理集聚有着负向的影响作用，土地这个自然资源禀赋要素对省域水果生产的影响作用不明显。

表 8 - 6　　　中国六种农产品播种面积比重影响因素的空间计量经济模型估计

Product Model Variable	粮食 SEM β	棉花 SEM β	油料 SLM β	糖料 SEM β	蔬菜 SEM β	水果 SEM β
Constant	1.6628	- 2.3477 *	- 0.4177	- 3.2832	- 4.5820 **	- 2.4983
LnFarland	0.4991 ***	1.4031 **	0.4154 **	0.9428 *	0.1003 *	- 0.1002 ***
LnRainfall	0.6267 **	- 1.4775 ***	0.0396	0.9474 **	0.2090 **	0.3022
LnMach	0.4080 ***	0.3246 *	- 0.6961 *	0.6528	- 0.1249	- 0.2339
LnEdu	1.3814 ***	1.1488 *	1.2686 *	0.5147	1.2903 *	1.3013 **
LnTraden	0.7571 **	- 0.1155	1.4724 *	1.4793 *	0.9671 **	0.6433 **
LnLabour	0.7831 ***	1.7242 ***	0.8058 ***	1.5368 **	0.7790 ***	0.7244 *
LnPopuden	0.8374 **	- 0.4443	0.5052 **	0.6748	0.9318 **	0.3465 **
LnUrban	0.6442 ***	0.2172	0.8893 *	0.0406 *	0.5522 **	1.1357 *
LnSpec	0.4787 ***	0.2657 *	0.6146 *	0.7899 **	0.5419 *	0.3414
LnExport	0.1546 ***	- 0.5272	0.0062	0.0522	0.1190 **	0.0731 **
ρ	—	—	0.3281 **	—	—	—
λ	5.9634 ***	0.6559 ***	—	0.6867 ***	0.9134 *	- 0.5380 *
R^2	0.9634	0.8884	0.8634	0.8800	0.9704	0.8497
LR	11.5430 ***	4.9408 **	2.7766 *	4.2504 **	1.6036 *	1.4313 *

注：*、**和***分别表示变量回归系数 β 和检验变量 LR 在 10%、5%和 1%水平上显著。

第五节　主要结论与政策启示

一　主要结论

本章运用所构建的空间计量经济模型实证检验与分析了中国农业地理集聚的影响因素，得出的研究结论主要有：

1. 空间计量经济模型能够更好地分析和解释影响农业地理集聚的主要因素。本章所设定的空间计量经济模型由于纳入了空间自相关性因素，使得模型的拟合优度和整体显著性，较之基于 OLS 估计的经典回归模型有着较为显著的提高。这可以在很大程度上克服经典回归模型的设定偏差，从而使得其估计结果更具解释力。在实证检验中国农业地理集聚影响因素的三种计量经济模型（经典回归模型、空间滞后模型和空间误差模型）中，空间误差模型是更为可取的模型。

2. 中国省域层级上的全部农业生产及各农产品生产确实存在着显著的空间自相关性，表现出非随机的地理集聚特征。各省区农业生产受到邻近省区误差冲击的影响非常明显，存在着显著的正向空间溢出效应。邻近省区间的农业生产滞后溢出效应尚未发生作用。

3. 自然资源禀赋、运输成本、技术外部性和金融外部性都能够在一定程度上较好地解释中国农业生产的地理集聚程度。具体来看，土地对省区农业地理集聚的作用不明显，而水资源及其分布、气候变化对农业生产和农业地理集聚具有明显的正向作用，并且影响程度比较高。人力资本、农业机械等技术外部性因素对农业地理集聚具有显著的正向作用，这些现代农业生产要素日益成为影响省区农业生产的重要因素。运输成本对农业地理集聚具有显著的正向作用，运输成本的降低有助于强化既有的地区之间的农业分工、农业生产与农产品流通格局，增强农业产区生产的集中趋势。

金融外部性显著正向地影响农业地理集聚，尤以地区专业化和本地市场规模的影响最为显著。农业生产地区专业化程度的不断增强，会通过农业结构优化和区域分工深化的途径影响农业地理集聚格局的变化。较高的人口密度可以通过本地市场规模和市场潜能所带来的较强金融外部性、技术和知识外溢所带来的较强技术外部性来促进和强化农业地理集聚。农业就业的规模经济显著促进农业地理集聚。而城镇化则通过城镇市场带动农产品市场规模及需求结构的变动来影响农业地理集聚。

4. 各农产品地理集聚的影响因素存在明显差异，但某些农产品间存在一定相似性。空间外部性和运输成本对六种农产品地理集聚的正向影响较为显著。其中，尤以人力资本、农业就业规模、人口密度、交通密度、城镇化、地区专业化的正向影响最为突出。农业对外开放只对粮食、蔬菜和水果的地理集聚产生着明显的正向影响作用。

二　政策启示

以上研究结论引出的政策启示有：（1）制定农业政策时，要充分重视省域之间农业生产的横向交互影响，重视省域之间农业要素溢出、空间依赖等空间效应，引导各个省区合理地投入农业生产要素，提高要素的空间互补性和空间配置效率，扩大农业发展高水平地区对周边地区尤其是落后地区的辐射和带动能力，促进区域农业综合生产能力的提高。（2）各省区要充分考虑空间外部性等集聚经济因素，因势利导，充分利用本地区的自然资源禀赋优势，促进具有区域特色的农业专业化产业区的形成和农业专业化水平的提高，培育形成农业集聚经济的内部条件；要加强本地区与其他省区的经济和技术的交流与合作以及贸易联系，大力改善进入外部市场的条件；各级政府在实施农业地理集聚发展战略时，必须充分重视农业地理集聚的空间外部性，应同时考虑金融外部性和技术外部性。（3）大力发展和完善省区之间、省区内部的交通基础设施建设，增强交通密度，以降低农产品运输成本，提高农产品的国内外市场通达性。

第九章 研究结论、研究展望与政策建议

第一节 研究结论

本书从理论与实证两个方面对中国农业地理集聚进行了深入而系统的研究，得出以下研究结论。

一 理论分析上的研究结论

1. 分工是产业地理集聚研究的逻辑起点，空间外部性是产业地理集聚研究的核心

分工、空间外部性与产业地理集聚之间存在着深厚的理论渊源和深刻的内在逻辑联系。分工作为经济增长的根本源泉，同样也是产业地理集聚的根本源泉。因为源于分工的规模报酬递增在某种程度上需要借助于经济活动在地理上的集聚这种空间分工组织形态来实现，在这个意义上，产业地理集聚是分工的空间组织形态。新古典贸易理论、新贸易理论和新经济地理理论等区域分工—贸易理论对产业地理集聚进行理论解释的一个基本点就是空间外部性，并且外部经济的增长是分工引致的规模报酬递增的重要源泉。由此，空间外部性成为解释产业地理集聚的关键性因素，分工产生的空间外部性是产业地理集聚的重要来源。空间外部性有金融外部性与技术外部性之分，它们都是产业地理集聚的重要来源。依上述逻辑，本书建立了产业地理集聚研究的"分工—空间外部性"理论模型，其中，分工是产业地理集聚研究的逻辑起点，空间外部性是产业地理集聚研究的核心。

2. 农业地理集聚是农业分工的空间组织形态和农业分工利益的空间实现

虽然农业分工由于自身独特的产业特性而受到限制，但分工仍然是

农业经济增长和规模报酬递增的根本源泉，农业分工本身及农业规模报酬递增也必然需要借助某种特定而有效的空间组织形态来实现。而农业地理集聚作为一种特定而有效的农业空间组织形态，是农业分工的结果，但也是农业分工进一步扩大和深化的原因。因此，农业地理集聚是农业分工的空间组织形态，同时也是农业分工利益和分工效率改善的空间实现。农业地理集聚既能扩大市场广度，又能增加市场深度，从而扩大市场规模。

3. 新经济地理理论在农业地理集聚研究中具有适应性

本书认为，农业中也存在规模报酬递增和运输成本，因而，新经济地理理论在农业地理集聚研究中具有适应性。通过构建农业垄断竞争模型的研究发现，运输成本是影响农业生产空间布局的关键因素，农业地理集聚与运输成本呈现出"倒 U 型"关系。农业生产的地理集聚格局之所以发生，是运输成本、规模报酬递增和农业在经济体的份额这三个因素所导致的，并且，较低的运输成本、较高的规模报酬递增和较高的农业份额是维持地理集聚模式的重要条件。

4. 农业地理集聚本质上是一种空间外部性

规模报酬递增与运输成本结合起来，农业生产总是倾向于最接近较大市场规模的区域，当许多农业生产者都有相同的决策时，农业地理集聚的空间外部性就被创造出来了。透过现象看本质，农业地理集聚本质上是一种空间外部性。基于此，本书构建了一个用于分析农业地理集聚影响因素的"自然资源禀赋—空间—空间外部性—制度"四维分析框架。

二 实证考察上的研究结论

1. 中国农业生产的地区专业化水平呈现显著的稳步提高态势

从国家地理标度上看，从产业与地区两个路径测度的农业地区专业化系数呈现一致的快速上升变化趋势。这表明，中国农业生产的地区专业化水平，在总体上呈现显著的稳步提高态势。但是，这种显著提高态势在2009 年和 2010 年表现出了微小的下降调整。分农产品来看，除蔬菜外，其他五种农产品生产的地区专业化程度呈现明显增强态势，但不同农产品的增强态势存在明显差异。2010 年，主要农产品生产呈现显著的中度地方化特征，糖料属于高度地区专业化型农产品，棉花、油料、蔬菜和水果属于中度地区专业化型农产品，而粮食属于低度地区专业化型农产品，但却表现出了较为显著的增强趋势。

分省区来看,在29个省区中,有27个省区农业生产的地区专业化程度得到明显提高,尤以浙江、福建、山西、广东、新疆、湖南和广西的提高程度最为显著。2010年,在29个省区中,有18个省区的农业生产达到了中度专业化水平,农业生产整体上具有显著的中度省区专业化特征。新疆、福建、广西、黑龙江、青海、上海和广东属于高度专业化省区,而江西、河南、四川和甘肃属于低度专业化省区。

2. 中国农业生产具有显著的地理集聚特征

从整体上看,中国农业生产具有显著的地理集聚特征。这种地理集聚现象呈现不断增强的发展趋势,并且具有显著的拐点特征和明显的"先小幅增强、随后显著增强(2000—2007)、后趋于减弱"阶段性特征,2007年是中国农业地理集聚发展的重要拐点。从产业层面上看,中国农业地理集聚具有较大的产业差异性。糖料和棉花是最为集聚的农产品,水果是较为集聚的农产品,粮食、油料和蔬菜是相对集聚的农产品。并且,除水果外,其他五种农产品生产的地理集聚都表现出逐步增强的发展趋势,尤以棉花、油料和糖料地理集聚程度的增强最为显著。

3. 从地区层面上看,中国农业生产地理集聚具有明显的地域梯度特征,地理集聚区域主要集中在中部地区

农作物播种面积按东部、西部和中部地区次序,中国农业生产存在明显上升的梯度分布特征,地理集聚区域主要集中在中部地区。2010年,主要省区农业生产呈现明显的中度地理集聚特征,农业生产的中度地理集聚地区有19个,高度地理集聚地区只有4个(分别是广西、新疆、河南和山东)。黑龙江在全国农业尤其是粮食生产中的地位快速跃升,由昔日的"北大荒"发展成如今的"北大仓"。安徽、新疆和广西地位的提升也较为显著。河南和山东两省区农业发展的空间和潜力巨大。一些农产品呈现出高度集聚在少数省区的特征,一些农产品的地区垄断性趋势不断增强。

4. 中国农业生产表现出了显著的正向空间自相关性,具有强烈的省际空间溢出效应

中国的农业生产不管是在整体上还是在局部区域上,都表现出了显著的正向空间自相关性,呈现出一种较高农作物播种面积比重省区相对地趋于和较高农作物播种面积比重省区相靠近,或者较低农作物播种面

积比重省区相对地趋于和较低农作物播种面积比重省区相靠近的空间关联结构。2010 年，在 29 个省区中，有 20 个省区位于 *Moran* 散点图中第一、三象限。这表明，中国农业生产的空间分布呈现非随机的地理集聚格局，农业生产的省际空间关联性和异质性非常明显，具有强烈的省际空间溢出效应。这个结论提供了中国省际农业生产在空间维度上的新认识。

5. 中国农业生产呈现明显的"中心—外围"空间分布模式

东部地区的山东和中部地区的河南、安徽、湖北和湖南的农业生产呈现出高—高集聚的空间分布特征，这五个省区在空间上相连成片分布，被同样是高农作物播种面积比重的省区所包围，由此形成高值与高值相邻的地理集聚带，是中国农业生产地理集聚的核心区域。而广大西部地区则呈现以新疆为核心的低—低集聚的空间分布特征。进入 21 世纪以来，中国农业生产高—高集聚核心区域明显扩大，这反映出农业生产高—高集聚区域中的省区，在邻近空间上的合作和交流联系不断增强的趋势。

6. 空间计量经济模型能够更好地分析和解释影响农业地理集聚的主要因素

第八章所设定的空间计量经济模型由于纳入了空间自相关性因素，使得模型的拟合优度和整体显著性，较之基于 *OLS* 估计的经典回归模型有着较为显著的提高。这可以在很大程度上克服经典回归模型的设定偏差，从而使得其估计结果更具解释力。在实证检验中国农业地理集聚影响因素的三种计量经济模型（经典回归模型、空间滞后模型和空间误差模型）中，空间误差模型是更为可取的模型。

7. 中国农业地理集聚程度显著地受到自然资源禀赋、运输成本和空间外部性的影响

中国各省区农业生产有着显著的正向空间溢出效应，由此呈现出非随机的地理集聚特征，其地理集聚程度显著地受到自然资源禀赋、运输成本、技术外部性和金融外部性等因素的影响。各农产品地理集聚的影响因素存在明显差异，但某些农产品间存在一定相似性。其中，尤以人力资本、农业就业规模、人口密度、交通密度、城镇化、地区专业化的正向影响最为突出。农业对外开放只对粮食、蔬菜和水果的地理集聚产生着明显的正向影响作用。

第二节　本书研究不足与未来研究展望

本书对农业地理集聚的研究得出了一些有意义的结论，但由于数据资料、个人能力和时间等方面因素的限制，仍有许多需要进一步发展的地方，也是中国农业地理集聚的进一步研究方向。

1. 空间计量经济模型还需较大改进

本书构建的以空间外部性为核心变量的中国农业地理集聚影响因素模型——空间计量经济模型，可以进行多角度的扩展和应用。例如，本书只是建立了基于横截面数据的空间计量经济模型对 2007 年中国农业地理集聚的影响因素进行了实证检验与分析，而没有建立空间面板计量经济模型；在对权重矩阵的选择上，只考虑了地理距离，而没有考虑经济距离；在控制变量中，还可以把灌溉投入、国内外市场通达性、农业外商直接投资、政府干预等因素纳入空间计量经济模型，以进行更细致全面的考察。这些都是在今后的研究中需要不断改进和加强的地方。

2. 中国农业地理集聚的经济效应仍缺乏系统和深入研究

本书只是研究分析了农业地理集聚的形成及其演变趋势、影响因素，而农业地理集聚尤其是生产空间布局变化对区域分工，地区农业经济结构调整和优化升级，国家粮食安全和食品安全，农业技术创新、转移和运用，资源配置效率，农业生产效率（全要素生产率）和农产品竞争力，农产品价格波动，农民收入增长、福利分配等会产生怎样的影响，以及这些影响在不同地区之间是否存在差异，这些问题仍缺乏系统和深入的研究。

3. 空间单元上的划分还需进一步细化

产业地理集聚现象在不同层次的地理标度上都可见，并且不同距离尺度出现的集聚模式会受到不同类型集聚经济的影响。基于此，应该基于不同的地理尺度来分析中国农业地理集聚问题。本书主要是从省域空间尺度上来分析中国农业地理集聚问题。空间单元越小，产业划分越细，产业在空间上越集中，并且，省域、地级市域和县域尺度的产业地理集聚程度的相关系数很高（贺灿飞、潘峰华，2011）。因此，在地级市域、县域尺度上对中国农业地理集聚问题的研究亟待展开，尤其是基于区域（地带）、省域、地级市域和县域的集成和系统研究更急需开展。这是后续研究中的重要内容。

第三节　政策建议

一　谨防农业空间布局失衡，引导区域合理分工和规范农业发展空间秩序

坚持区域分工是优化农业区域布局的一项基本原则。如果不引导和不坚持区域分工，则会导致农业空间布局失衡，对农业生产产生多方面的负面影响，例如，增加农产品供应隐患，增大农产品运输压力，提高农产品运输成本，引起农产品价格暴涨暴跌。因此，在中国工业化、信息化、城镇化深入发展中同步推进农业现代化，促进农业结构战略性调整和农业经济发展方式转变，必须将引导区域合理分工，以促进农业生产的地区专业化发展置于战略高度予以重视，并给予强有力的政策支持。要按照《全国主体功能区规划》有关要求，重视科学规划区域农业功能划分，规范农业发展空间秩序。同时，还要规范地方政府经济行为，打破地区垄断和行政区域界限，建立区域统筹协调的农业分工和有效的农业生产区域协同合作机制。

二　促进农业地理集聚，坚持专业化集聚与多样化集聚协调发展

前述研究表明，改革开放以来，中国农业地理集聚得到了长足发展，尤其是进入 21 世纪以来的发展势头更为强劲。许多省区也都把加强农业产业区建设、发展农业产业集群作为转变农业发展方式、提高农业竞争力的重要举措。因此，在现有基础上，要进一步促进农业地理集聚的发展，以充分发挥集聚经济效应。为此，要充分发挥各地的比较优势，采取综合措施，促进优势农产品和特色农产品向优势产区集中，以促进优势农产品区域化、规模化和专业化生产水平显著提高，逐步形成具有国际竞争力的农业产业带；积极推进农业项目区建设和"一村一品"的专业化战略，以形成一批规模化、标准化、设施化、品牌化的现代农业产业示范区；强化区域农业功能，高效利用区域农业资源，以形成分工合理、优势互补、各具特色、协调发展的农产品区域布局。产业地理集聚有两种型式，一是专业化集聚：指特定产业部门或者生产单位在特定地理区域内的集中，它源自区域之间的专业化分工；二是多样化集聚：指大量产业经济活动在特

定地理区域内的集中，在该特定地理区域内，集中的产业门类众多，产出规模庞大，但这种产业地理集聚型式在形成和发展过程中，并没有伴随着区域之间专业化分工水平的提高。在中国农业地理集聚的形成和发展中，也存在这两种产业地理集聚型式。对此，要坚持专业化集聚与多样化集聚协调发展。

三　结合国家区域经济发展战略，建立跨省区的"国家农业经济区"

鉴于中国农业生产已经呈现出的"中心—外围"空间分布模式，为增强高—高集聚区域的空间联系带动力和辐射力，建议以高—高集聚区域中的核心省区为中心，结合国家区域经济发展战略，建立跨省区的"国家农业经济区"。黄淮区域和东北区域是中国最主要的粮食主产区，是全国粮食增长中心，也是中国农业生产的高—高集聚区域。所以，建议尽快建立"国家黄淮农业经济区"和"国家东北农业经济区"，将国家农业经济区定位为"国家重要的农业生产和现代农业基地"、"全国工业化、信息化、城镇化和农业现代化协调发展示范区"，旨在打造中国重要的农业经济增长极。

四　充分利用空间外部性等集聚经济因素，引导农业产业布局调整

从空间外部性等集聚经济因素出发的农业产业布局政策有两个方面的基本含义：一是促进农业地理集聚以充分发挥空间外部性的作用，科学制定农业产业布局政策；二是利用空间外部性等集聚经济因素，引导农业产业布局调整。为此，各省区要利用本地区的自然资源禀赋优势，促进具有区域特色的农业专业化产业区的形成和农业专业化水平的提高，培育形成农业集聚经济的内部条件；加强本地区与其他省区的经济和技术的交流与合作以及贸易联系，大力改善进入外部市场的条件；加大对农村基础教育的投入，增强对农村劳动力的教育和培训力度，增强人力资本积累，提高农村人力资本水平；大力促进城镇化的健康和快速发展，以增强农产品的市场规模效应。

五　系统增强交通运输综合能力，加强交通运输网络与农产品流通体系建设

运输成本是农业经济地理的关键因素，运输成本的降低有助于市场规

模扩大，带来市场规模效应；还能改善区域间的农产品贸易自由度，促进区域间的农业产业集聚或者扩散，带来集聚或者扩散效应。运输成本的降低有赖于交通运输综合能力的系统增强和提高。因此，为使交通运输在整体上适应新时期农业产业布局调整所产生的更高水平的需要，必须要系统增强交通运输综合能力：一是在进行全国交通运输基础设施网络规划和建设时，构建适应农业产业布局调整需要的综合交通运输网络系统，以充分发挥和增强交通运输对农业产业布局的支撑作用；二是建设跨区域的连接农业产销地和国际市场的交通运输大通道，以适应跨区域农产品大规模运输的需要；三是提高交通运输的组织能力和效率，建设适应需要的运输枢纽系统，特别是粮食的转运系统、蔬菜水果的城市配送系统等，以促进各种农产品运输方式之间的合理、高效率衔接；四是大力发展和完善省区之间、省区内部的交通基础设施建设，增强交通密度，以降低农产品运输成本，提高农产品的国内外市场通达性；五是增加对农村地区交通基础设施建设的投入，支持农村公路建设和发展，重视农村交通基础设施的维护。

六　充分利用农业气候资源，合理安排农作物和农产品品种的区域布局

气候是农业生产的基本条件和自然资源。在中国农业发展的新阶段，尤其是在全球气候变化背景下，中国农业气候资源配置也发生了显著变化。同时，各类极端天气气候事件频发，严重影响了中国农业生产的持续稳定发展。农业气候资源配置和天气气候的变化对农业产业布局产生着越来越大的作用。因此，为了提高农业综合生产能力以保障农业安全尤其是粮食安全，迫切需要深入和全面地了解气候与农业的紧密关系，研究和掌握农业气候资源和气象灾害变化对农业产业布局的影响。中国农作物生产的空间布局要顺应气候规律，发挥区域气候资源优势，同时兼顾经济比较优势和市场优势。各省区要趋利避害，根据农业气候资源的分布特征和气候变化的趋势，合理安排农作物和农产品品种布局，因地制宜发展农业。各级气象部门要为农业生产空间布局优化和发展提供气候资源决策服务，使农业生产最大限度地利用气候资源，减轻气候灾害带来的不利影响。

附 表

附表1 中国主要农产品的专业化系数

年份	粮食	棉花	油料	糖料	蔬菜	水果	加权平均
1980	0.0295	0.3947	0.1394	0.5653	0.1937	0.3150	0.0475
1981	0.0307	0.4078	0.1165	0.5665	0.1814	0.3161	0.0491
1982	0.0327	0.4384	0.1145	0.5681	0.1531	0.3208	0.0578
1983	0.0301	0.4475	0.1150	0.5949	0.1417	0.3252	0.0586
1984	0.0273	0.4566	0.1215	0.5900	0.1481	0.3392	0.0656
1985	0.0260	0.4691	0.1426	0.5964	0.1409	0.3572	0.0677
1986	0.0277	0.4720	0.1257	0.5810	0.1344	0.3633	0.0648
1987	0.0290	0.4985	0.1396	0.5763	0.1455	0.3642	0.0726
1988	0.0262	0.4940	0.1338	0.5916	0.1452	0.3580	0.0771
1989	0.0280	0.4954	0.1374	0.5926	0.1477	0.3682	0.0764
1990	0.0321	0.4863	0.1538	0.5976	0.1638	0.3575	0.0788
1991	0.0348	0.4772	0.1671	0.5966	0.1720	0.3506	0.0868
1992	0.0376	0.4690	0.1618	0.6009	0.1703	0.3621	0.0913
1993	0.0404	0.4540	0.1540	0.5800	0.1744	0.3490	0.0916
1994	0.0412	0.4546	0.1626	0.5811	0.1795	0.3323	0.0967
1995	0.0430	0.4623	0.1731	0.5875	0.1780	0.3581	0.1024
1996	0.0451	0.4630	0.1753	0.6003	0.1808	0.3381	0.1019
1997	0.0475	0.4693	0.1762	0.5954	0.1835	0.3458	0.1046
1998	0.0484	0.4580	0.1730	0.6045	0.1773	0.3434	0.1046
1999	0.0491	0.4787	0.1724	0.6065	0.1773	0.3442	0.1041
2000	0.0505	0.4968	0.1694	0.6031	0.1828	0.3468	0.1099
2001	0.0574	0.4960	0.1713	0.6041	0.1872	0.3448	0.1187

续表

年份	粮食	棉花	油料	糖料	蔬菜	水果	加权平均
2002	0.0559	0.5057	0.1699	0.6178	0.1919	0.3450	0.1203
2003	0.0581	0.5046	0.1566	0.6476	0.1919	0.3454	0.1244
2004	0.0586	0.5006	0.1694	0.6798	0.1896	0.3435	0.1295
2005	0.0561	0.5031	0.1737	0.6777	0.1850	0.3420	0.1245
2006	0.0568	0.5014	0.1745	0.6745	0.1813	0.3387	0.1256
2007	0.0605	0.5022	0.1972	0.7329	0.1830	0.3437	0.1333
2008	0.0602	0.5057	0.1992	0.7167	0.1842	0.3462	0.1348
2009	0.0619	0.5097	0.1983	0.7345	0.1837	0.3462	0.1312
2010	0.0640	0.5086	0.1948	0.7289	0.1805	0.3522	0.1321

附表 2　中国主要农产品生产各省区的专业化系数(1)

年份	东部地区										算术平均
	北京	天津	河北	辽宁	上海	江苏	浙江	福建	山东	广东	
1980	0.0620	0.0424	0.0358	0.0919	0.1792	0.0467	0.0190	0.0425	0.0556	0.0428	0.0618
1981	0.0749	0.0394	0.0321	0.0920	0.2257	0.0491	0.0159	0.0512	0.0655	0.0492	0.0695
1982	0.0822	0.0393	0.0496	0.0802	0.2102	0.0443	0.0275	0.0567	0.0978	0.0631	0.0751
1983	0.0818	0.0334	0.0621	0.0772	0.1717	0.0422	0.0283	0.0622	0.1090	0.0621	0.0730
1984	0.0845	0.0509	0.0824	0.0795	0.1383	0.0406	0.0398	0.0718	0.1186	0.0814	0.0788
1985	0.0958	0.0629	0.0795	0.1018	0.1559	0.0383	0.0370	0.0803	0.0871	0.1101	0.0849
1986	0.0881	0.0488	0.0734	0.0800	0.1319	0.0330	0.0275	0.0990	0.0790	0.1232	0.0784
1987	0.0948	0.0515	0.0872	0.0860	0.1345	0.0326	0.0341	0.1080	0.0980	0.1363	0.0863
1988	0.0990	0.0610	0.0959	0.0849	0.1482	0.0416	0.0389	0.1148	0.1073	0.1464	0.0938
1989	0.1033	0.0644	0.1078	0.0833	0.1636	0.0372	0.0341	0.1119	0.1030	0.1486	0.0957
1990	0.1105	0.0624	0.0918	0.0845	0.1600	0.0403	0.0340	0.1218	0.1063	0.1558	0.0967
1991	0.1156	0.0646	0.0867	0.0825	0.1514	0.0413	0.0450	0.1396	0.1092	0.1699	0.1006
1992	0.1136	0.0643	0.0804	0.0805	0.1540	0.0459	0.0439	0.1528	0.1107	0.1854	0.1031
1993	0.1146	0.0655	0.0560	0.0791	0.1469	0.0409	0.0397	0.1717	0.0588	0.1832	0.0956
1994	0.1406	0.0774	0.0848	0.0835	0.1456	0.0443	0.0467	0.1790	0.0681	0.1579	0.1028
1995	0.1322	0.0738	0.0852	0.0893	0.1623	0.0461	0.0342	0.1817	0.0587	0.1850	0.1048
1996	0.1215	0.0860	0.0589	0.0933	0.1453	0.0512	0.0287	0.1848	0.0606	0.1916	0.1022
1997	0.1211	0.0876	0.0555	0.0881	0.1292	0.0552	0.0320	0.1857	0.0620	0.1994	0.1016
1998	0.1219	0.0848	0.0485	0.0852	0.1444	0.0549	0.0313	0.1863	0.0573	0.2008	0.1015
1999	0.1293	0.0869	0.0499	0.0887	0.1524	0.0467	0.0343	0.1859	0.0588	0.2036	0.1037
2000	0.2151	0.1436	0.0528	0.0790	0.2371	0.0658	0.0622	0.2006	0.0891	0.2070	0.1352

续表

年份	东部地区										算术平均
	北京	天津	河北	辽宁	上海	江苏	浙江	福建	山东	广东	
2001	0.3040	0.1843	0.0616	0.0853	0.2816	0.0946	0.1134	0.2087	0.0916	0.2177	0.1643
2002	0.3552	0.1937	0.0646	0.0563	0.2944	0.0908	0.1538	0.2187	0.0975	0.2176	0.1743
2003	0.3785	0.2547	0.0799	0.0587	0.2996	0.0950	0.1810	0.2357	0.1141	0.2227	0.1920
2004	0.3318	0.2669	0.0852	0.0862	0.2884	0.0890	0.1745	0.2374	0.1279	0.2331	0.1920
2005	0.2664	0.2233	0.0771	0.0969	0.2526	0.0781	0.1687	0.2469	0.0981	0.2390	0.1747
2006	0.2153	0.2221	0.0789	0.1227	0.2720	0.0687	0.1685	0.2519	0.0892	0.2440	0.1733
2007	0.2295	0.1399	0.0781	0.1148	0.2766	0.0565	0.2340	0.2894	0.0842	0.2561	0.1759
2008	0.1908	0.1520	0.0786	0.1037	0.2709	0.0629	0.2012	0.2869	0.0865	0.2597	0.1693
2009	0.1814	0.1384	0.0737	0.0804	0.2372	0.0621	0.1934	0.2826	0.0862	0.2600	0.1595
2010	0.1766	0.1337	0.0720	0.0655	0.2620	0.0676	0.1928	0.2809	0.0822	0.2600	0.1593

附表 2　中国主要农产品生产各省区的专业化系数(2)

年份	中部地区								简单平均
	山西	吉林	黑龙江	安徽	江西	河南	湖北	湖南	
1980	0.0214	0.0550	0.0756	0.0324	0.0267	0.0329	0.0559	0.0200	0.0400
1981	0.0175	0.0556	0.0782	0.0465	0.0305	0.0233	0.0546	0.0166	0.0404
1982	0.0191	0.0732	0.0908	0.0564	0.0382	0.0273	0.0582	0.0228	0.0482
1983	0.0163	0.0726	0.0914	0.0439	0.0352	0.0280	0.0536	0.0308	0.0465
1984	0.0187	0.0621	0.1010	0.0422	0.0412	0.0539	0.0472	0.0417	0.0510
1985	0.0500	0.0530	0.1009	0.0595	0.0386	0.0414	0.0454	0.0543	0.0554
1986	0.0312	0.0667	0.1244	0.0621	0.0341	0.0290	0.0644	0.0387	0.0563
1987	0.0296	0.0797	0.1367	0.0774	0.0412	0.0294	0.0574	0.0411	0.0616
1988	0.0330	0.0791	0.1394	0.0566	0.0487	0.0445	0.0563	0.0449	0.0628
1989	0.0305	0.0769	0.1447	0.0569	0.0468	0.0379	0.0579	0.0404	0.0615
1990	0.0320	0.0885	0.1478	0.0540	0.0767	0.0378	0.0686	0.0385	0.0680
1991	0.0344	0.1010	0.1617	0.0666	0.0920	0.0563	0.0657	0.0452	0.0779
1992	0.0373	0.1185	0.1621	0.0638	0.1189	0.0599	0.0696	0.0445	0.0843
1993	0.0420	0.1116	0.1596	0.0622	0.1126	0.0609	0.0874	0.0352	0.0840
1994	0.0406	0.1300	0.1752	0.0751	0.1019	0.0625	0.0855	0.0330	0.0880
1995	0.0431	0.1373	0.1845	0.0876	0.1230	0.0621	0.1100	0.0400	0.0984
1996	0.0499	0.1436	0.1847	0.0786	0.1247	0.0583	0.1155	0.0500	0.1007
1997	0.0520	0.1419	0.1856	0.0785	0.1161	0.0602	0.1157	0.0519	0.1002
1998	0.0529	0.1416	0.1785	0.0859	0.1084	0.0505	0.1313	0.0464	0.0994
1999	0.0586	0.1337	0.1773	0.0867	0.0893	0.0497	0.1358	0.0410	0.0965
2000	0.0661	0.1441	0.1871	0.0928	0.0774	0.0502	0.1616	0.0308	0.1013

年份	中部地区								简单平均
	山西	吉林	黑龙江	安徽	江西	河南	湖北	湖南	
2001	0.0740	0.1637	0.2129	0.0970	0.0738	0.0528	0.1695	0.0427	0.1108
2002	0.0759	0.1864	0.2090	0.1051	0.0617	0.0541	0.1696	0.0447	0.1133
2003	0.0846	0.1879	0.2207	0.1080	0.0371	0.0526	0.1805	0.0435	0.1144
2004	0.0891	0.2154	0.2373	0.1054	0.0381	0.0532	0.1722	0.0436	0.1193
2005	0.0958	0.2012	0.2276	0.1043	0.0383	0.0513	0.1621	0.0490	0.1162
2006	0.1068	0.2012	0.2267	0.1029	0.0441	0.0543	0.1475	0.0586	0.1178
2007	0.1032	0.1996	0.2557	0.0961	0.0489	0.0547	0.1502	0.0574	0.1207
2008	0.1144	0.2141	0.2605	0.1006	0.0499	0.0498	0.1733	0.0720	0.1293
2009	0.1194	0.2066	0.2734	0.1003	0.0502	0.0493	0.1727	0.0842	0.1320
2010	0.1334	0.1976	0.2787	0.1006	0.0503	0.0505	0.1642	0.0939	0.1337

附表 2　中国主要农产品生产各省区的专业化系数（3）

年份	西部地区											简单平均
	内蒙古	广西	四川	贵州	云南	西藏	陕西	甘肃	青海	宁夏	新疆	
1980	0.0608	0.0646	0.0450	0.0515	0.0722	0.0574	0.0388	0.0517	0.0996	0.0546	0.0760	0.0611
1981	0.0540	0.0773	0.0347	0.0544	0.0816	0.0707	0.0389	0.0610	0.0920	0.0590	0.0901	0.0649
1982	0.0638	0.0817	0.0431	0.0700	0.0850	0.0780	0.0492	0.0646	0.0891	0.0619	0.0950	0.0710
1983	0.0693	0.0754	0.0451	0.0639	0.0813	0.0748	0.0434	0.0694	0.0972	0.0691	0.0902	0.0708
1984	0.0796	0.0832	0.0460	0.0712	0.0910	0.0923	0.0504	0.0769	0.0970	0.0767	0.0811	0.0768
1985	0.0993	0.0903	0.0403	0.0643	0.1016	0.1244	0.0708	0.0713	0.1063	0.0671	0.0984	0.0849
1986	0.0763	0.0716	0.0382	0.0720	0.0961	0.1043	0.0641	0.0609	0.1189	0.0642	0.1309	0.0816
1987	0.0866	0.0746	0.0454	0.0874	0.1023	0.1150	0.0681	0.0596	0.1249	0.0678	0.1522	0.0895
1988	0.0987	0.0808	0.0536	0.0796	0.1084	0.1087	0.0706	0.0687	0.1347	0.0781	0.1426	0.0931
1989	0.0983	0.0792	0.0520	0.0764	0.1089	0.1111	0.0624	0.0669	0.1371	0.0749	0.1345	0.0911
1990	0.0977	0.0744	0.0522	0.0769	0.1081	0.1155	0.0644	0.0692	0.1397	0.0708	0.1593	0.0935
1991	0.1065	0.0938	0.0592	0.0850	0.1150	0.1233	0.0669	0.0763	0.1397	0.0771	0.1811	0.1022
1992	0.1110	0.1134	0.0636	0.0895	0.1164	0.1417	0.0684	0.0786	0.1406	0.0826	0.1950	0.1092
1993	0.1066	0.1081	0.0588	0.0785	0.1123	0.1671	0.0732	0.0705	0.1630	0.0741	0.1984	0.1101
1994	0.1210	0.1171	0.0690	0.0861	0.1268	0.1209	0.0916	0.0743	0.1810	0.0809	0.2686	0.1216
1995	0.1247	0.1412	0.0683	0.0890	0.1279	0.1678	0.0924	0.0687	0.1785	0.0947	0.2636	0.1288
1996	0.1242	0.1535	0.0609	0.0859	0.1169	0.1216	0.0896	0.0689	0.1647	0.0839	0.2548	0.1204
1997	0.1254	0.1723	0.0653	0.0819	0.1214	0.1331	0.0944	0.0677	0.1685	0.0875	0.2764	0.1267
1998	0.1324	0.1856	0.0650	0.0789	0.1247	0.1485	0.1067	0.0601	0.1844	0.0977	0.3114	0.1360
1999	0.1272	0.1910	0.0648	0.0749	0.1262	0.1528	0.1052	0.0623	0.2557	0.1011	0.3123	0.1430
2000	0.1341	0.1870	0.0601	0.0841	0.1335	0.1855	0.1240	0.0857	0.2577	0.1184	0.3035	0.1521

续表

年份	西部地区											简单平均
	内蒙古	广西	四川	贵州	云南	西藏	陕西	甘肃	青海	宁夏	新疆	
2001	0.1520	0.1911	0.0635	0.0914	0.1444	0.1869	0.1153	0.0820	0.2390	0.1154	0.3486	0.1573
2002	0.1556	0.2013	0.0598	0.0903	0.1480	0.1762	0.1268	0.0917	0.2324	0.1288	0.3110	0.1565
2003	0.1740	0.2065	0.0628	0.0973	0.1572	0.1682	0.1278	0.0774	0.2534	0.1330	0.3445	0.1638
2004	0.1719	0.2126	0.0649	0.0911	0.1479	0.1570	0.1156	0.0670	0.2702	0.1385	0.3544	0.1628
2005	0.1666	0.2236	0.0575	0.0802	0.1352	0.1387	0.1101	0.0592	0.2763	0.1221	0.3704	0.1582
2006	0.1654	0.2431	0.0552	0.0826	0.1281	0.1360	0.1115	0.0572	0.2642	0.1176	0.3923	0.1594
2007	0.1829	0.2801	0.0571	0.0829	0.1110	0.1358	0.1197	0.0521	0.2350	0.1293	0.4746	0.1691
2008	0.1756	0.2872	0.0561	0.0812	0.1085	0.1307	0.1282	0.0493	0.2754	0.0963	0.4296	0.1653
2009	0.1741	0.2785	0.0489	0.0757	0.0853	0.1270	0.1350	0.0491	0.2675	0.0829	0.3658	0.1536
2010	0.1756	0.2793	0.0498	0.0755	0.0818	0.1249	0.1433	0.0484	0.2688	0.0741	0.3788	0.1546

附表3 中国主要农产品的区位基尼系数

年份	粮食	棉花	油料	糖料	蔬菜	水果	加权平均
1980	0.3745	0.6756	0.3865	0.7200	0.3911	0.5385	0.3910
1981	0.3772	0.6855	0.3854	0.7225	0.4060	0.5327	0.3948
1982	0.3745	0.7150	0.4061	0.7234	0.4023	0.5287	0.3972
1983	0.3755	0.7289	0.3984	0.7470	0.3985	0.5277	0.3989
1984	0.3758	0.7446	0.3929	0.7401	0.4014	0.5361	0.4023
1985	0.3837	0.7436	0.4164	0.7365	0.3990	0.5533	0.4083
1986	0.3865	0.7512	0.4278	0.7323	0.3914	0.5642	0.4101
1987	0.3831	0.7691	0.4459	0.7200	0.3928	0.5614	0.4111
1988	0.3799	0.7709	0.4303	0.7332	0.3965	0.5499	0.4105
1989	0.3801	0.7685	0.4372	0.7346	0.3967	0.5597	0.4101
1990	0.3792	0.7598	0.4384	0.7373	0.4005	0.5348	0.4093
1991	0.3786	0.7526	0.4450	0.7371	0.4082	0.5250	0.4124
1992	0.3774	0.7404	0.4455	0.7447	0.4107	0.5322	0.4129
1993	0.3846	0.7245	0.4508	0.7273	0.4263	0.5175	0.4140
1994	0.3820	0.7198	0.4572	0.7219	0.4398	0.5077	0.4151
1995	0.3809	0.7216	0.4711	0.7323	0.4357	0.5204	0.4168
1996	0.3814	0.7277	0.4742	0.7425	0.4491	0.5160	0.4168
1997	0.3823	0.7359	0.4800	0.7404	0.4540	0.5148	0.4182
1998	0.3842	0.7368	0.4729	0.7540	0.4579	0.5162	0.4199
1999	0.3844	0.7609	0.4646	0.7683	0.4555	0.5143	0.4193
2000	0.3880	0.7672	0.4657	0.7665	0.4529	0.5136	0.4233
2001	0.3941	0.7565	0.4764	0.7701	0.4591	0.5077	0.4312
2002	0.3987	0.7638	0.4831	0.7815	0.4558	0.5041	0.4345

年份	粮食	棉花	油料	糖料	蔬菜	水果	加权平均
2003	0.4052	0.7595	0.4749	0.8136	0.4611	0.5059	0.4421
2004	0.4033	0.7553	0.4838	0.8304	0.4633	0.5070	0.4425
2005	0.4033	0.7591	0.4861	0.8308	0.4582	0.5086	0.4405
2006	0.4042	0.7601	0.4891	0.8323	0.4595	0.5071	0.4424
2007	0.4242	0.7794	0.5194	0.8629	0.4552	0.5020	0.4589
2008	0.4230	0.7759	0.5041	0.8570	0.4542	0.4980	0.4570
2009	0.4197	0.7753	0.4973	0.8629	0.4532	0.4987	0.4521
2010	0.4187	0.7790	0.4960	0.8493	0.4511	0.5003	0.4510

附表4 中国农业及主要农产品的前五位省区集中率（单位:%）

年份	农业总体	粮食	棉花	油料	糖料	蔬菜	水果
1980	34.93	36.41	63.71	37.95	70.25	38.86	53.35
1981	35.25	36.60	64.65	37.47	70.87	40.23	52.22
1982	35.10	36.01	69.41	38.59	70.99	38.27	50.33
1983	35.36	36.14	71.68	37.73	74.54	37.18	50.13
1984	35.57	36.00	74.86	37.41	73.80	36.60	51.51
1985	35.90	36.85	75.71	39.40	73.81	36.19	53.18
1986	36.06	37.29	75.41	40.78	74.08	36.14	54.92
1987	35.87	36.93	77.19	41.94	72.34	36.66	54.40
1988	36.00	36.52	77.63	40.51	74.61	36.82	53.14
1989	35.70	36.55	76.70	40.75	75.77	37.03	53.63
1990	35.44	36.61	74.64	39.89	75.52	37.30	51.05
1991	35.54	36.77	73.54	40.33	76.40	37.94	49.87
1992	35.28	36.73	72.21	40.90	76.93	38.33	50.52
1993	35.74	37.71	67.76	41.16	75.82	39.37	49.11
1994	35.70	37.42	67.47	41.44	75.31	40.96	47.58
1995	35.48	37.44	67.78	43.41	76.97	40.14	48.85
1996	35.42	37.45	67.23	43.16	77.86	41.26	48.05
1997	35.23	37.33	68.37	43.43	77.70	41.79	48.72
1998	35.53	37.67	68.64	43.08	78.30	42.21	48.87
1999	35.52	37.69	72.51	42.84	80.11	41.59	48.88
2000	35.72	37.61	73.91	43.26	80.14	41.80	49.25
2001	36.29	38.24	73.30	45.16	80.76	42.11	49.04

年份	农业总体	粮食	棉花	油料	糖料	蔬菜	水果
2002	36.41	38.42	74.81	45.83	81.91	41.91	48.05
2003	36.90	38.70	75.05	45.53	85.20	42.58	47.90
2004	36.69	38.29	74.24	46.24	86.79	42.41	47.56
2005	36.56	38.35	74.13	46.20	86.98	41.56	47.10
2006	36.73	38.57	74.43	45.90	87.75	41.75	46.47
2007	37.78	40.09	77.23	48.82	91.15	41.47	45.40
2008	37.52	40.03	77.26	47.72	89.94	41.54	45.18
2009	37.13	39.78	77.29	47.88	90.80	41.37	45.39
2010	36.79	39.63	77.46	47.82	90.95	41.34	46.23

附表5 中国各省区农业的平均地理集聚率(1)

年份	东部地区									
	北京	天津	河北	辽宁	上海	江苏	浙江	福建	山东	广东
1980	0.0052	0.0046	0.0712	0.0478	0.0085	0.0462	0.0247	0.0257	0.0917	0.0622
1981	0.0055	0.0046	0.0676	0.0480	0.0089	0.0463	0.0270	0.0261	0.0927	0.0668
1982	0.0055	0.0043	0.0687	0.0450	0.0081	0.0498	0.0260	0.0251	0.0961	0.0794
1983	0.0055	0.0043	0.0714	0.0422	0.0073	0.0478	0.0262	0.0247	0.0992	0.0769
1984	0.0054	0.0049	0.0744	0.0419	0.0062	0.0465	0.0268	0.0261	0.0984	0.0841
1985	0.0048	0.0048	0.0801	0.0388	0.0065	0.0509	0.0279	0.0252	0.0979	0.0889
1986	0.0044	0.0044	0.0785	0.0335	0.0056	0.0520	0.0284	0.0260	0.1000	0.0893
1987	0.0043	0.0041	0.0781	0.0304	0.0054	0.0523	0.0276	0.0264	0.1007	0.0882
1988	0.0042	0.0042	0.0785	0.0297	0.0051	0.0506	0.0263	0.0251	0.0997	0.0806
1989	0.0042	0.0041	0.0820	0.0280	0.0049	0.0494	0.0259	0.0249	0.0976	0.0861
1990	0.0044	0.0040	0.0740	0.0285	0.0048	0.0482	0.0263	0.0259	0.0955	0.0871
1991	0.0044	0.0042	0.0698	0.0289	0.0046	0.0443	0.0255	0.0273	0.0916	0.0852
1992	0.0042	0.0040	0.0656	0.0278	0.0044	0.0468	0.0243	0.0280	0.0910	0.0867
1993	0.0040	0.0035	0.0633	0.0268	0.0040	0.0489	0.0229	0.0274	0.0831	0.0798
1994	0.0040	0.0038	0.0691	0.0260	0.0037	0.0486	0.0214	0.0270	0.0837	0.0693
1995	0.0037	0.0036	0.0681	0.0250	0.0035	0.0484	0.0214	0.0260	0.0783	0.0722
1996	0.0034	0.0032	0.0621	0.0230	0.0033	0.0473	0.0213	0.0258	0.0762	0.0729
1997	0.0033	0.0031	0.0613	0.0217	0.0032	0.0456	0.0207	0.0255	0.0738	0.0735
1998	0.0032	0.0030	0.0600	0.0207	0.0032	0.0452	0.0207	0.0247	0.0725	0.0716
1999	0.0032	0.0030	0.0599	0.0198	0.0031	0.0431	0.0203	0.0237	0.0722	0.0715
2000	0.0035	0.0035	0.0607	0.0205	0.0031	0.0450	0.0199	0.0221	0.0790	0.0706

续表

年份	东部地区									
	北京	天津	河北	辽宁	上海	江苏	浙江	福建	山东	广东
2001	0.0034	0.0044	0.0619	0.0206	0.0030	0.0474	0.0204	0.0217	0.0808	0.0670
2002	0.0034	0.0045	0.0643	0.0201	0.0030	0.0468	0.0201	0.0216	0.0814	0.0627
2003	0.0031	0.0049	0.0660	0.0185	0.0029	0.0462	0.0193	0.0212	0.0837	0.0641
2004	0.0029	0.0049	0.0662	0.0174	0.0028	0.0457	0.0189	0.0208	0.0837	0.0651
2005	0.0026	0.0044	0.0654	0.0167	0.0026	0.0447	0.0188	0.0204	0.0792	0.0633
2006	0.0024	0.0047	0.0655	0.0155	0.0024	0.0428	0.0183	0.0199	0.0773	0.0632
2007	0.0023	0.0036	0.0653	0.0151	0.0023	0.0383	0.0171	0.0189	0.0750	0.0600
2008	0.0022	0.0037	0.0644	0.0158	0.0022	0.0374	0.0169	0.0185	0.0725	0.0595
2009	0.0021	0.0036	0.0630	0.0172	0.0021	0.0372	0.0167	0.0181	0.0721	0.0600
2010	0.0019	0.0035	0.0617	0.0180	0.0020	0.0367	0.0163	0.0177	0.0708	0.0583

附表 5 中国各省区农业的平均地理集聚率(2)

年份	中部地区							
	山西	吉林	黑龙江	安徽	江西	河南	湖北	湖南
1980	0.0305	0.0307	0.0785	0.0392	0.0258	0.0728	0.0448	0.0411
1981	0.0286	0.0292	0.0717	0.0407	0.0261	0.0694	0.0431	0.0442
1982	0.0276	0.0254	0.0663	0.0416	0.0254	0.0669	0.0461	0.0420
1983	0.0277	0.0253	0.0755	0.0398	0.0275	0.0674	0.0464	0.0405
1984	0.0279	0.0253	0.0685	0.0385	0.0286	0.0710	0.0449	0.0386
1985	0.0274	0.0258	0.0582	0.0395	0.0270	0.0721	0.0460	0.0358
1986	0.0257	0.0202	0.0570	0.0415	0.0273	0.0735	0.0486	0.0362
1987	0.0245	0.0218	0.0535	0.0443	0.0278	0.0748	0.0468	0.0346
1988	0.0258	0.0231	0.0633	0.0414	0.0270	0.0778	0.0451	0.0363
1989	0.0244	0.0210	0.0540	0.0420	0.0281	0.0759	0.0457	0.0386
1990	0.0247	0.0204	0.0553	0.0421	0.0315	0.0702	0.0470	0.0406
1991	0.0249	0.0194	0.0549	0.0434	0.0337	0.0738	0.0457	0.0416
1992	0.0247	0.0175	0.0491	0.0426	0.0367	0.0736	0.0450	0.0419
1993	0.0247	0.0177	0.0482	0.0448	0.0382	0.0797	0.0507	0.0423
1994	0.0253	0.0169	0.0524	0.0467	0.0375	0.0803	0.0492	0.0418
1995	0.0237	0.0166	0.0496	0.0474	0.0390	0.0804	0.0518	0.0412
1996	0.0228	0.0147	0.0453	0.0465	0.0398	0.0820	0.0542	0.0425
1997	0.0225	0.0138	0.0410	0.0477	0.0397	0.0807	0.0558	0.0435
1998	0.0229	0.0139	0.0399	0.0477	0.0370	0.0797	0.0549	0.0437
1999	0.0210	0.0136	0.0336	0.0467	0.0347	0.0826	0.0543	0.0434
2000	0.0201	0.0164	0.0378	0.0465	0.0318	0.0824	0.0532	0.0407

续表

年份	中部地区							
	山西	吉林	黑龙江	安徽	江西	河南	湖北	湖南
2001	0.0192	0.0185	0.0403	0.0462	0.0298	0.0801	0.0523	0.0411
2002	0.0201	0.0155	0.0408	0.0472	0.0282	0.0835	0.0511	0.0410
2003	0.0191	0.0145	0.0351	0.0474	0.0265	0.0839	0.0501	0.0403
2004	0.0189	0.0133	0.0301	0.0467	0.0261	0.0827	0.0501	0.0412
2005	0.0183	0.0137	0.0310	0.0464	0.0262	0.0815	0.0510	0.0418
2006	0.0180	0.0138	0.0335	0.0451	0.0262	0.0813	0.0502	0.0427
2007	0.0174	0.0137	0.0304	0.0427	0.0280	0.0803	0.0522	0.0405
2008	0.0169	0.0132	0.0309	0.0427	0.0276	0.0753	0.0550	0.0424
2009	0.0161	0.0130	0.0278	0.0426	0.0282	0.0741	0.0556	0.0449
2010	0.0155	0.0139	0.0283	0.0420	0.0282	0.0715	0.0551	0.0466

附表5 中国各省区农业的平均地理集聚率(3)

年份	西部地区										
	内蒙古	广西	四川	贵州	云南	西藏	陕西	甘肃	青海	宁夏	新疆
1980	0.0336	0.0375	0.0592	0.0136	0.0230	0.0010	0.0322	0.0148	0.0028	0.0047	0.0265
1981	0.0301	0.0383	0.0681	0.0144	0.0223	0.0009	0.0321	0.0140	0.0026	0.0042	0.0266
1982	0.0289	0.0402	0.0668	0.0153	0.0224	0.0009	0.0290	0.0142	0.0024	0.0045	0.0262
1983	0.0287	0.0387	0.0643	0.0148	0.0228	0.0009	0.0283	0.0144	0.0025	0.0044	0.0246
1984	0.0285	0.0380	0.0656	0.0150	0.0232	0.0007	0.0260	0.0143	0.0025	0.0046	0.0235
1985	0.0306	0.0399	0.0648	0.0143	0.0231	0.0006	0.0239	0.0147	0.0023	0.0045	0.0238
1986	0.0258	0.0444	0.0644	0.0152	0.0234	0.0007	0.0241	0.0153	0.0024	0.0045	0.0276
1987	0.0255	0.0455	0.0634	0.0161	0.0246	0.0007	0.0247	0.0168	0.0025	0.0043	0.0302
1988	0.0269	0.0480	0.0623	0.0161	0.0232	0.0008	0.0259	0.0177	0.0026	0.0049	0.0281
1989	0.0252	0.0530	0.0623	0.0167	0.0247	0.0007	0.0266	0.0174	0.0028	0.0052	0.0286
1990	0.0259	0.0519	0.0629	0.0170	0.0256	0.0007	0.0275	0.0179	0.0028	0.0052	0.0322
1991	0.0267	0.0558	0.0632	0.0177	0.0263	0.0007	0.0284	0.0179	0.0027	0.0054	0.0322
1992	0.0269	0.0625	0.0618	0.0174	0.0282	0.0006	0.0289	0.0181	0.0027	0.0048	0.0339
1993	0.0275	0.0636	0.0591	0.0168	0.0288	0.0005	0.0295	0.0190	0.0029	0.0052	0.0370
1994	0.0275	0.0644	0.0568	0.0165	0.0284	0.0007	0.0300	0.0195	0.0029	0.0053	0.0412
1995	0.0291	0.0702	0.0567	0.0166	0.0301	0.0005	0.0292	0.0197	0.0035	0.0074	0.0369
1996	0.0278	0.0765	0.0570	0.0165	0.0329	0.0007	0.0292	0.0198	0.0027	0.0051	0.0453
1997	0.0283	0.0810	0.0556	0.0167	0.0359	0.0007	0.0274	0.0200	0.0027	0.0056	0.0496
1998	0.0275	0.0856	0.0558	0.0170	0.0386	0.0006	0.0266	0.0205	0.0027	0.0046	0.0558
1999	0.0255	0.0907	0.0550	0.0176	0.0445	0.0006	0.0262	0.0197	0.0031	0.0042	0.0631
2000	0.0264	0.0899	0.0553	0.0177	0.0457	0.0006	0.0255	0.0173	0.0028	0.0035	0.0585

年份	西部地区										
	内蒙古	广西	四川	贵州	云南	西藏	陕西	甘肃	青海	宁夏	新疆
2001	0.0226	0.0919	0.0561	0.0179	0.0443	0.0006	0.0262	0.0182	0.0027	0.0037	0.0579
2002	0.0240	0.0951	0.0563	0.0180	0.0438	0.0007	0.0259	0.0173	0.0025	0.0039	0.0572
2003	0.0214	0.1043	0.0573	0.0183	0.0463	0.0007	0.0264	0.0183	0.0024	0.0041	0.0536
2004	0.0215	0.1104	0.0579	0.0192	0.0473	0.0007	0.0271	0.0189	0.0026	0.0040	0.0530
2005	0.0221	0.1136	0.0580	0.0199	0.0450	0.0008	0.0275	0.0192	0.0026	0.0037	0.0598
2006	0.0228	0.1122	0.0596	0.0200	0.0452	0.0008	0.0285	0.0199	0.0027	0.0038	0.0621
2007	0.0216	0.1237	0.0594	0.0195	0.0425	0.0008	0.0289	0.0211	0.0031	0.0038	0.0725
2008	0.0247	0.1209	0.0601	0.0193	0.0447	0.0008	0.0293	0.0208	0.0031	0.0044	0.0749
2009	0.0230	0.1234	0.0601	0.0199	0.0468	0.0008	0.0295	0.0203	0.0029	0.0047	0.0743
2010	0.0232	0.1230	0.0603	0.0201	0.0468	0.0008	0.0297	0.0200	0.0030	0.0051	0.0801

参考文献

[1] 蔡昉、李周：《我国农业中规模经济的存在和利用》，载《当代经济科学》1990 年第 2 期。

[2] 柴志贤、黄祖辉：《国外空间经济研究的最新进展及发展趋势》，载《经济评论》2006 年第 1 期。

[3] 曹光乔、潘丹、秦富：《中国蛋鸡产业布局变迁的经济分析——基于省级面板数据的研究》，载《农业技术经济》2010 年第 10 期。

[4] 程叶青、张平宇：《中国粮食生产的区域格局变化及东北商品粮基地的响应》，载《地理科学》2005 年第 5 期。

[5] 陈平：《劳动分工的起源和制约——从斯密困境到广义斯密定理》，载《经济学（季刊）》2002 年第 2 期。

[6] 陈彦光：《城市化与经济发展水平关系的三种模型及其动力学分析》，载《地理科学》2011 年第 1 期。

[7] 陈伟莲、张虹鸥、王蓉蓉等：《广东省主要农产品的空间集聚度及其影响因素分析》，载《安徽农业科学》2009 年第 20 期。

[8] 陈春生：《中国农户的演化逻辑与分类》，载《农业经济问题》2007 年第 11 期。

[9] 邓家琼：《世界农业集中：态势、动因和机理》，载《农业经济问题》2010 年第 9 期。

[10] 杜志雄、肖卫东：《全球化视域下的中国农产品贸易与农业发展方式转变》，载《国际贸易》2011 年第 8 期。

[11] 杜贵阳：《斯密定理、产业集聚与区域经济一体化》，载《世界经济与政治论坛》2005 年第 1 期。

[12] 樊福卓：《地区专业化的度量》，载《经济研究》2007 年第 9 期。

[13] 樊福卓：《中国工业地区专业化结构分解：1985—2006 年》，载《经

济与管理》2009 年第 9 期。

[14] 范剑勇：《市场一体化、地区专业化与产业集聚趋势——兼谈对地区差距的影响》，载《中国社会科学》2004 年第 6 期。

[15] 方齐云：《收益递增与农业产业化》，载《中国农村经济》1997 年第 12 期。

[16] 韩长赋：《"十二五"发展粮食生产的基本思考》，载《求是》2011 年第 3 期。

[17] 郭玮：《我国农业生产力布局的变化趋势及存在问题》，载《调研世界》2000 年第 1 期。

[18] 高帆：《我国粮食生产的地区变化：1978—2003 年》，载《管理世界》2005 年第 9 期。

[19] 高帆：《分工演进与中国农业发展的路径选择》，载《学习与探索》2009 年第 1 期。

[20] 高帆、秦占欣：《二元经济反差：一个新兴古典经济学的解释》，载《经济科学》2003 年第 1 期。

[21] 高峰、亢秀华：《我国农业产业集群形成机理分析》，载《青岛农业大学学报》（社会科学版）2008 年第 2 期。

[22] 韩晓燕、翟印礼：《中国农业生产率的地区差异与收敛性研究》，载《农业技术经济》2005 年第 6 期。

[23] 贺灿飞、潘峰华：《产业地理集中、产业集聚与产业集群：测量与辨识》，载《地理科学进展》2007 年第 2 期。

[24] 贺灿飞、谢秀珍、潘峰华：《中国制造业省区分布及其影响因素》，载《地理研究》2008 年第 3 期。

[25] 贺灿飞、朱彦刚、朱晟君：《产业特性、区域特性与中国制造业省区集聚》，载《地理学报》2010 年第 10 期。

[26] 胡宗义、张杰：《经济增长中人力资本作用的评价指标体系研究》，载《财经理论与实践》2005 年第 1 期。

[27] 黄爱军：《我国粮食生产区域格局的变化规律》，载《中国农村经济》1995 年第 2 期。

[28] 黄玖立、李坤望：《对外贸易、地方保护和中国的产业布局》，载《经济学（季刊）》2006 年第 3 期。

[29] 黄海平、龚新蜀、黄宝连：《基于农业产业集群的我国农村剩余劳

动力就业问题研究》，载《西北人口》2009 年第 5 期。

[30] 黄海平、龚新蜀、黄宝连：《基于专业化分工的农业产业集群竞争优势研究——以寿光蔬菜产业集群为例》，载《农业经济问题》2010 年第 4 期。

[31] 贾根良：《杨格定理与经济发展理论》，载《经济社会体制比较》1996 年第 2 期。

[32] 姜长云 a：《"十二五"期间中国农业发展面临的制约和挑战》，载《中国发展观察》2010 年第 1 期。

[33] 姜长云 b：《着力发展面向农业的生产性服务业》，载《宏观经济管理》2010 年第 9 期。

[34] 金煜、陈钊、陆铭：《中国的地区工业集聚：经济地理、新经济地理与经济政策》，载《经济研究》2006 年第 4 期。

[35] 兰肇华：《政府在农业产业集群中的作用》，载《宏观经济管理》2006 年第 4 期。

[36] 李茂松、李章成、王道龙等：《50 年来我国自然灾害变化对粮食产量的影响》，载《自然灾害学报》2005 年第 2 期。

[37] 李谷成：《人力资本与中国区域农业全要素生产率增长——基于 DEA 视角的实证分析》，载《财经研究》2009 年第 8 期。

[38] 李静、孟令杰：《中国农业生产率的变动与分解分析：1978—2004 年》，载《数量经济技术经济研究》2006 年第 5 期。

[39] 李文秀：《农业产业集群的治理与升级》，载《农业经济》2005 年第 11 期。

[40] 李继红、宋一淼：《我国农业产业集群发展模式之探讨》，载《农村经济》2007 年第 4 期。

[41] 李志刚：《我国农地流转制度与农业产业集群发展互动机理及政策选择》，载《农村经济》2010 年第 4 期。

[42] 李东升：《全球价值链下农业产业集群功能升级分析》，载《国际经济合作》2008 年第 9 期。

[43] 李裕瑞：《江苏省粮食生产空间格局变化研究》，硕士学位论文，南京农业大学，2008 年。

[44] 梁书民：《中国农业种植结构及演化的空间分布和原因分析》，载《中国农业资源与区划》2006 年第 2 期。

［45］刘修岩、贺小海：《市场潜能、人口密度与非农劳动生产率——来自中国地级面板数据的证据》，载《南方经济》2007 年第 11 期。

［46］刘钜强、赵永亮：《交通基础设施、市场获得与制造业区位——来自中国的经验数据》，载《南开经济研究》2010 年第 4 期。

［47］刘玉满：《美国加利福尼亚州的农业生产结构调整——美国加利福尼亚州农业考察报告》，载《中国农村经济》2002 年第 5 期。

［48］刘金山：《中国农业：报酬递增与"剩余之谜"》，载《未来与发展》2007 年第 6 期。

［49］刘长全：《不完全竞争框架下的产业集聚理论——新经济地理理论研究综述》，载《世界经济情况》2009 年第 12 期。

［50］刘建鹏、高峰、王学真：《农业产业集群：农业结构调整的新途径》，载《山东理工大学学报》（社会科学版）2007 年第 3 期。

［51］刘彦随、翟荣新：《中国粮食生产时空格局动态及其优化策略探析》，载《地域研究与开发》2009 年第 1 期。

［52］刘明宇：《分工抑制与农民的制度性贫困》，载《农业经济问题》2004 年第 2 期。

［53］卢凌霄、周德、吕超等：《中国蔬菜产地集中的影响因素分析——基于山东寿光批发数据的结构方程模型研究》，载《财贸经济》2010 年第 6 期。

［54］路江涌、陶志刚：《区域专业化分工与区域间行业同构——中国区域经济结构的实证分析》，载《经济学报》第 1 卷第 2 辑，清华大学出版社，2005 年 12 月。

［55］陆文聪、梅燕、李元龙：《中国粮食生产的区域变化：人地关系、非农就业与劳动报酬的影响效应》，载《中国人口科学》2008 年第 3 期。

［56］罗万纯、陈永福：《中国粮食生产区域格局及影响因素研究》，载《农业技术经济》2005 年第 6 期。

［57］罗必良：《"三农"问题的症结及其化解逻辑》，载《经济理论与经济管理》2007 年第 4 期。

［58］吕健：《城市化驱动经济增长的空间计量分析：2000—2009 年》，载《上海经济研究》2011 年第 5 期。

［59］吕超、周应恒：《我国农业产业集聚与农业经济增长的实证研

究——基于蔬菜产业的检验和分析》，载《南京农业大学学报》（社会科学版）2011年第2期。

[60] 苗齐：《中国种植业区域分工研究》，博士学位论文，南京农业大学，2003年。

[61] 农业部：《全国优势农产品区域布局规划（2008—2015年）》，http://www.moa.gov.cn。

[62] 潘竟虎、石培基：《甘肃省人均粮食时空格局变化特征及驱动机制分析》，载《农业系统科学与综合研究》2008年第4期。

[63] 潘泽江、曹明宏、雷海章：《关于优势农产品产业带形成机理的理论分析》，载《农村经济》2004年第10期。

[64] 钱学锋、梁琦：《分工与集聚的理论渊源》，载《江苏社会科学》2007年第2期。

[65] 任青丝：《我国农业产业集群研究综述》，载《农业经济与科技》2007年第7期。

[66] 史培军、王静爱、谢云等：《最近15年来中国气候变化、农业自然灾害与粮食生产的初步研究》，载《自然资源学报》1997年第3期。

[67] 苏航：《基于产业集聚理论的区域农业竞争力分析》，载《农村经济》2010年第4期。

[68] 宋一淼：《我国农业产业集群发展的分类研究》，载《台湾农业探索》2005年第1期。

[69] 宋玉兰、陈彤：《农业产业集群的形成机制探析》，载《新疆农业科学》2005年增刊。

[70] 孙哲、刘建华：《产业地理与结盟游说》，载《世界经济与政治》2007年第6期。

[71] 唐华俊、罗其友：《农产品产业带形成机制与建设战略》，载《中国农业资源与区划》2004年第1期。

[72] 王栋：《基于专业化水平分工的农业产业集聚机理研究》，载《科学研究》2007年12月增刊。

[73] 王龙锋、张良成、张瑞卿：《江西特色农业产业集群化发展存在的问题及对策》，载《南昌航空工业学院学报》（社会科学版）2005年第1期。

[74] 王昀：《打造农业产业集群：发展现代农业产业的题中之义》，载

《上海农村经济》2007 年第 1 期。

[75] 王碧峰：《我国发展现代农业问题讨论综述》，载《经济理论与经济管理》2008 年第 1 期。

[76] 王珏、宋文飞、韩先锋：《中国地区农业全要素生产率及其影响因素的空间计量分析——基于 1992—2007 年省域空间面板数据》，载《中国农村经济》2010 年第 8 期。

[77] 王艳荣、刘业政：《农业产业集聚形成机制的结构验证》，载《中国农村经济》2011 年第 10 期。

[78] 王鹏：《台湾地区人力资本指标的度量研究》，载《亚太经济》2006 年第 1 期。

[79] 王艳荣：《农业产业集群的发展模式——基于安徽特色农产品的研究》，载《安徽农业大学学报》（社会科学版）2009 年第 1 期。

[80] 王玉斌、王怀栋、吕彦彬：《我国粮食调运格局演化及粮食生产战略选择》，载《内蒙古农业大学学报》（社会科学版）2008 年第 1 期。

[81] 王介勇、刘彦随：《1990 年至 2005 年中国粮食产量重心演进格局及其驱动机制》，载《资源科学》2009 年第 7 期。

[82] 闻海燕：《农业生产性服务业发展亟待提速》，载《浙江经济》2008 年第 6 期。

[83] 吴安波：《中国制造业区域专业化程度的测度、特征及变动趋势》，载《数量经济技术经济研究》2009 年第 5 期。

[84] 伍山林：《中国粮食生产区域特征与成因分析——市场化改革以来的实证分析》，载《经济研究》2000 年第 10 期。

[85] 吴玉鸣：《县域经济增长集聚与差异：空间计量经济实证分析》，载《世界经济文汇》2007 年第 2 期。

[86] 吴玉鸣：《中国区域农业生产要素的投入产出弹性测算——基于空间计量经济模型的实证》，载《中国农村经济》2010 年第 6 期。

[87] 吴玉鸣、李建霞：《基于地理加权回归模型的省域工业全要素生产率分析》，载《经济地理》2006 年第 5 期。

[88] 向会娟、曹明宏、潘泽江：《农业产业集群：农村经济发展的新途径》，载《农村经济》2005 年第 3 期。

[89] 辛翔飞、刘晓昀：《要素禀赋及农业劳动生产率的地区差异》，载《世界经济文汇》2007 年第 5 期。

[90] 谢方、王礼力：《农业产业集群作用于农村市场体系的机理初探》，载《商业研究》2008 年第 9 期。

[91] 薛宇峰 a：《中国粮食生产区域分化和空间分布的经济学分析》，载《上海财经大学学报》2005 年第 3 期。

[92] 薛宇峰 b：《中国粮食生产区域分化特征和成因的实证研究》，载《经济经纬》2005 年第 2 期。

[93] 许庆、尹荣梁、章辉：《规模经济、规模报酬与农业适度规模经营——基于我国粮食生产的实证研究》，载《经济研究》2011 年第 3 期。

[94] 杨丽：《乡土性技术创新与农业产业集群的演进》，载《齐鲁学刊》2009 年第 4 期。

[95] 杨丽、王鹏生：《农业产业集聚：小农经济基础上的规模经济》，载《农村经济》2005 年第 7 期。

[96] 杨春、陆文聪：《基于空间计量经济模型的县域粮食生产区域格局研究》，载《农业技术经济》2010 年第 5 期。

[97] 杨春、陆文聪：《中国粮食生产空间布局变迁实证》，载《经济地理》2008 年第 5 期。

[98] 殷培红、方修琦、田青等：《21 世纪初中国主要余粮区的空间格局特征》，载《地理学报》2006 年第 2 期。

[99] 尹成杰：《新阶段农业产业集群发展及其思考》，载《农业经济问题》2006 年第 3 期。

[100] 尤晨、魏世振、陈良珠等：《农业产业集群形成机制分析及启示》，载《福建论坛·人文社会科学版》2007 年第 6 期。

[101] 张吉鹏：《新经济地理学与中国产业地理集聚》，载《世界经济文汇》2004 年第 3 期。

[102] 张红宇、杨春华、张海阳等：《当前农业和农村经济形势分析与农业政策的创新》，载《管理世界》2009 年第 11 期。

[103] 张丽、韦光、左停：《农业产业集群的形成与政府的发展干预——京郊平谷区大桃产业集群的个案分析》，载《中国农业大学学报》（社会科学版）2005 年第 4 期。

[104] 张廷海、武云亮：《农业产业集群的发展模式与演化机理——以安徽省为例》，载《华东经济管理》2009 年第 7 期。

[105] 张小青：《基于集群机理的农业产业集群效应与地方政府经济行为

分析》，载《贵州社会科学》2009 年第 3 期。

[106] 曾国平、罗航艳、曹跃群：《中国农业经济增长的空间分布及相关性——基于 31 个省区 1985—2008 年的面板数据分析》，载《湖南农业大学学报》（社会科学版）2010 年第 10 期。

[107] 郑风田、程郁：《从农业产业化到农业产业区——竞争型农业产业化发展的可行性分析》，载《管理世界》2005 年第 7 期。

[108] 郑风田、程郁：《创业家与我国农村产业集群的形成与演进机理——基于云南斗南花卉个案的实证分析》，载《中国软科学》2006 年第 1 期。

[109] 郑有贵、邝婵娟、焦红坡：《南粮北调向北粮南运演变成因的探讨——兼南北方两个区域粮食生产发展优势和消费比较》，载《中国经济史研究》1999 年第 1 期。

[110] 钟甫宁、胡雪梅：《中国棉花生产区域格局及影响因素研究》，载《农业技术经济》2008 年第 1 期。

[111] 钟甫宁、刘顺飞：《中国水稻生产布局变动分析》，载《中国农村经济》2007 年第 9 期。

[112] 周力、周应恒：《粮食安全：气候变化与粮食产地转移》，载《中国人口·资源与环境》2011 年第 7 期。

[113] 周新德：《先天禀赋、动力机制和农业产业集群发展》，载《农村经济》2008 年第 7 期。

[114] 朱启荣：《中国棉花主产区生产布局分析》，载《中国农村经济》2009 年第 4 期。

[115] 查尔斯·琼斯、保罗·罗默：《新卡尔多事实：创意、制度、人口和人力资本》，载《比较》2009 年第 6 期。

[116] 姜卡罗·科洛、斯特法诺·米切利：《作为地方创新体系的产业区：领航企业及意大利工业新的竞争优势》，载罗红波、［意］M.巴尔巴托主编《产业区直面经济全球化——中意比较研究》，社会科学文献出版社 2008 年版。

[117] 蒋长瑜：《美国农业空间结构研究》，华东师范大学出版社 1997 年版。

[118] 梁琦：《产业集聚论》，商务印书馆 2004 年版。

[119] 梁琦：《分工、集聚与增长》，商务印书馆 2009 年版。

［120］魏后凯：《现代区域经济学》，经济管理出版社 2006 年版。

［121］张宏升：《中国农业产业集聚研究》，中国农业出版社 2007 年版。

［122］世界银行：《2009 年世界发展报告：重塑世界经济地理》，胡光宇等译，清华大学出版社 2009 年版。

［123］［澳］杨小凯、黄有光：《专业化与经济组织：一种新兴古典微观经济学框架》，经济科学出版社 2006 年版。

［124］［美］埃德加·M. 胡佛：《区域经济学导论》，王翼龙译，商务印书馆 1990 年版。

［125］［德］阿尔弗雷德·韦伯：《工业区位论》，李刚剑译，商务印书馆 1997 年版。

［126］［美］阿林·杨格：《报酬递增与经济进步》，贾根良译，载《经济社会体制比较》1996 年第 2 期。

［127］［美］保罗·克鲁格曼：《地理与贸易》，张兆杰译，北京大学出版社 2002 年版。

［128］［英］彼得·迪肯：《全球性转变——重塑 21 世纪的全球经济地图》，刘卫东等译，商务印书馆 2007 年版。

［129］［瑞典］俄林：《区际贸易与国际贸易》，逯宇铎等译，华夏出版社 2008 年版。

［130］［以］赫尔普曼、［美］克鲁格曼：《市场结构和对外贸易——报酬递增、不完全竞争与国际经济》，尹翔硕、尹翔康译，上海人民出版社 2009 年版。

［131］［英］李嘉图：《政治经济学及赋税原理》，郭大力、王亚南译，译林出版社 2011 年版。

［132］M. P. 费尔德曼：《区位与创新：创新、溢出和集聚的新经济地理》，载 G. L. 克拉克、M. P. 费尔德曼、M. S. 格特勒：《牛津经济地理学手册》，商务印书馆 2005 年版。

［133］［英］马歇尔：《经济学原理》，朱志泰、陈良璧译，商务印书馆 1981 年版。

［134］［法］皮埃尔 – 菲利普·库姆斯、［法］蒂里·迈耶、［比］雅克 – 弗朗科斯·蒂斯：《经济地理学——区域和国家一体化》，安虎森等译，中国人民大学出版社 2011 年版。

［135］［美］乔治·J. 施蒂格勒：《市场容量限制劳动分工》，载《产业

组织和政府管制》，潘振民译，上海三联书店 1989 年版。

[136] [日] 藤田昌久、[比] 雅克－弗朗科斯·蒂斯：《集聚经济学——城市、产业区位与区域增长》，刘峰、张雁、陈海威译，西南财经大学出版社 2004 年版。

[137] [美] 沃尔特·艾萨德：《区位与空间经济》，杨开忠、沈体雁等译，北京大学出版社 2011 年版。

[138] [美] 西奥多·W. 舒尔茨：《报酬递增的源泉》，姚志勇、刘群艺译，北京大学出版社 2001 年版。

[139] [美] 西奥多·W. 舒尔茨：《改造传统农业》，梁小民译，商务印书馆 1987 年版。

[140] [英] 亚当·斯密：《国民财富的性质和原因的研究（上卷）》，郭大力、王亚南译，商务印书馆 1976 年版。

[141] [德] 约翰·冯·杜能：《孤立国同农业和国民经济的关系》，吴衡康译，商务印书馆 1997 年版。

[142] [美] 约瑟夫·熊彼特：《经济分析史（第一卷）》，朱泱、孙鸿敞、李宏、陈锡龄译，商务印书馆 1991 年版。

[143] [日] 速水佑次郎、[美] 弗农·拉坦：《农业发展的国际分析》，郭熙保、张进铭等译，中国社会科学出版社 2000 年版。

[144] 藤田昌久：《资本化于品牌农业：从源头上转变发展战略》，载赵伟、藤田昌久、郑小平等：《空间经济学：理论与实证新进展》，浙江大学出版社 2009 年版。

[145] Anas, A., R. Arnott and K. A. Small., "Urban Spatial Structure", Journal of Economic Literature, No. 36, 1998.

[146] Anselin L., "Spatial Econometrics: Methods and Models. Dordrecht", Kluwer Academic Publishers, 1988.

[147] Anselin L., Bera K., "Spatial Dependence in Linear Regression Models with an Introduction to Spatial Econometrics", Working Paper, 1996.

[148] Anselin L., Raymond J. G. M., Florax, Rey S. J., "Advances in Spatial Econometrics: Methodology, Tools and Applications", Berlin: Springer － Verlag, 2004.

[149] Arrow, K. J., "The Economic Implication of Learning by Doing", Review of Economic Studies, No. 29, 1962.

[150] Audretsch, D. B. , Feldman, M. P. , "R&D Spillovers and the Geography of Innovation and Production", American Economic Review, No. 3, 1996.

[151] Berliant, M. , Reed, R. R. and Wang, P. , "Knowledge Exchange, Matching, and Agglomeration", Journal of Urban Economics, No. 60, 2006.

[152] Baldwin, R. and Martin. , "Agglomeration and Regional Growth, in Handbook of Regional and Urban Economics: Cities and Geography", Ed. Henderson and Thisse, Amsterdam: North-Holland, 2003.

[153] Breschi S. , Malerba F. , Clusters, *Networks and Innovation*, Oxford University Press, 2005.

[154] Brulhart M. , "Eeonomic Geography, Industry location and Ttrade: the Evidence", The World Economy, No. 21, 1998.

[155] Bryan J. Hubbell and Rick Welsh. , "An Examination of Trends in Geographic Concentration in U. S. Hog Production, 1974 – 1996", Journal of Agricultural and Applied Economic, Vol. 30, No. 2, December 1998.

[156] Charles Barnard and Gary Lucier. , "Urban Influence and the U. S. Vegetable Industry", Vegetables and Specialties, VGS – 276, November 1998.

[157] Cho, S. H. and Newman, D. H. , "Spatial analysis of rural land development", Forest Policy Economics, Vol. 7, No. 5, 2005.

[158] Coase, R. H. , "The Nature of the Firm", Economica, New Series, Vol. 4, No. 16, 1937.

[159] Colin A. Carter and Bryan lohmar. , "Regional Specialization of China's Agricultural Production", Journal of Agricultural Economics, Vol. 84, No. 3, August 2002.

[160] Daniel, M. K. , Killkenny, T. , "Decouplage an agriculture localization activites," Economic International, Vol. 15, No. 1, 2002.

[161] David, K. L. , Elliott, P. , "Productivity in Chinese provincial agriculture", Journal of Agricultural Economics, Vol. 11, No. 2, 1998.

[162] Dixit. A. K and Stiglitz J. E. , "Monopolistic Competition and Optimum Product Diversity", American Economic Review, No. 6, 1977.

[163] Duranton, G. and D. Puga. , "Micro – foundations of Urban Agglomera-

tion Economies", In Vernon Henderson and Jacques – Franccis Thisse (eds.) . Handbook of Regional and Urban Economics, Vol. 4, Amsterdam: NorthHolland, 2003.

[164] Eades, Daniel and Cheryl Brown. , "Identifying Spatial Clusters within U. S. Organic Agriculture", Agricultural and Resource Economics Review, Vol. 35, No. 2, October 2006.

[165] Eaton, J. and Kortun, S. , "Trade in Ideas: Patenting and Productivity in the OECD", Journal of International Economics, No. 40, 1996.

[166] Ellison G. , Glaeser E. L. , "Geographic Concentration in U. S. Manufacturing Industries: A Ddartboard Approach", Journal of Political Economy, Vol. 105, 1997.

[167] Friedman J R. , "Regional development policy: a Case Study of Venezuela", Cambridge: MIT Press, 1966.

[168] Fujita and Thisse. , "Eeonomics of Agglomeration", Journal of the Japanese and International Economies, 1996.

[169] Fujita, M. and Thisse. , Agglomeration, and Market Interaction. In Advances in Economics and Econometrics: Theory and Applications (ed, M. Dewatripont, L. P. Hansen, and S. T. Turnovsky), Cambridge University Press, 2003.

[170] Gordon, I. and McCann, P. , "Industrial Clusters: Complexes, Agglomeration and/or Social Networks?" Urban Studies, Vol. 37, No. 3, 2000.

[171] Henderson, J. V. , "Urban Development: Theory, Fact, and Illusion", Oxford University Press, 1988.

[172] Jacobs, J. , The Economy of Cities, New York: Vingage, 1969.

[173] Jacoby, Hanan. , "Access to Markets and Benefits to Rural Roads", Economic Journal, Vol. 110 , 2000.

[174] Jyotsna Puri. , "Factors Affecting Agricultural Expansion in Forest Reserves of Thailand: the Role of Population and Road", University of Maryland, College Park, 2006.

[175] Keely, C. , "Exchanging Good Ideas", Journal of Economic Theory, Vol. 111, No. 2, 2003.

[176] Kim, S. , "Expansion of Markets and the Geographic Distribution of E-

conomic Activities: The Trends in U. S. Regional Manufacturing Structure, 1860 – 1987 ", Quarterly Journal of Economic, Vol. 110, No. 4, 1995.

[177] Keeble, D. , Offord, J. and Walker, S. , "Peripheral Regions in a Community of Twelve Member States", Commission of European Communities, Luxembourg, 1986.

[178] Krugman P. , "Increasing Returns, Monopolistic Competition and International Trade", Journal of International Economics, No. 9, 1979.

[179] Krugman P. , "Scale Economies, Product Differentiation, and the Pattern of Trade", The American Economic Review, Vol. 70, No. 5, December 1980.

[180] Krugman P. , "Increasing Returns and Economic Geography," Journal of Political Economy, Vol. 99, No. 3, 1991.

[181] Krugman P. , "First Nature, Second Nature and Metropolitan Location", Journal of Regional Science, Vol. 33, 1993.

[182] Lucas, R. E. , "On the Mechanics of Economic Development", Journal of Monetary Economics, No. 22, 1988.

[183] Lucas, R. E. , "Making a Miracle" , Econometrica, No. 61, 1993.

[184] Lee, W. and Schrock, G, M. , "Rural Knowledge Clusters: The Challenge of Rural Economic Prosperity", State and Local Policy Program Staff Working Paper, No. 3, 2002.

[185] Mary Eschelbach Gregson. , "Long – Term Trends in Agricultural Specialization in the United States: Some Preliminary Results", Agricultural History, Vol. 70, No. 1, 1996.

[186] Mary Eschelbach Gregson. , "Strategies for Commercialization: Missouri Agriculture, 1860 – 1880", The Journal of Economic History, Vol. 54, No. 2, 1994.

[187] Michael E. Porter. , *The Competitive Advantage of Nations*, New York: The Free Press, 1990.

[188] Nelson, G. , "Introduction to the Special Issue on Spatial Analysis for Agricultural Economists", Agricultural Economics, Vol. 27, No. 2, 2002.

[189] Nejla BEN ARFA. , "Spatial structure of French dairy sector: a spatial

HAC estimation", 2009.

[190] Ottaviano, G. I. P. and Thisse. , "Integration, Agglomeration and the Political Economics of Factor Mobility", Journal of Public Economics, Vol. 83, 2002.

[191] Ohlin, B. , *Interregional and International Trade*, Harvard University Press, 1933.

[192] Overman Henry, Redding Stephen and Venables Anthony. , *Trade and Geography: A Survey of Empirics*, Mimeo, 2000 .

[193] Polina Mokshina. , "Competitiveness of Russian Dairy Sector: Interregional Comparision", Paper prepared for presentation at the XIth congress of the EAAE Copenhagen, Denmark, August 24 – 27, 2005.

[194] Peter, H. V. , "Modeling the Spatial Dynamics of Regional Land Use: The CLUE – S Model", Environmental Management, Vol. 30, No. 3, 2002.

[195] P. Parthasarathy Rao, P. S. Birthal, P. K. Joshi and D. Kar. , "Agricultural Diversification in India and Role of Urbanization", International Food Policy Research Institute, November 2004.

[196] Pavel Ciaian, Jan Pokrivcak, Dusan Drabik. , "The Economics of Farm Organization in CEEC and FSU", The Paper prepared for presentation at the joint IAAE – 104 EAAE Seminar Agricultural Economics and Transition: What was expected, What we observed, the lessons learned. September 2007.

[197] Romer, P. , "Increasing Returns and Long Run Growth", Journal of Political Economy, No. 94, 1986.

[198] Romer, P. , "EndogenousTechnologicalChange", Journal of Political Economy, No. 98, 1990.

[199] Roberto Ezcurra, Carlos Gil, Pedro Pascual. , "Regional Specialization in the European Union", D. T. April 2004.

[200] Ricardo Mora, Carlos San Juan. , " Geographical Specialization in Spanish Agriculture before and after Integration in the European Union", Regional Science and Urban Economics, No. 34, 2004.

[201] Rikard Larasson. , International Studies of Management and Organization, M. E. Sharpe, Ine, 1993.

[202] Surico, P. , "Geographic Concentration and Increasing Returns", Journal of Economic Surey, No. 17, 2004.

[203] Sukkoo Kim. , "Economic Integration and Convergence: U. S. Regions, 1840 – 1987", Working Paper 6335, December 1997.

[204] Simeon Ehui and Marinos Tsigas. , "The Role of Agriculture in Nigeria's Economic Growth: A General Equilibrium Analysis", Beijing, China: The 27th Conference of the International Association of Agricultural Economists (IAAE), 2009.

[205] Takashi Kurosaki. , "Specialization and Diversification in Agricultural Transformation: the Case of Rural Punjab, c. 1900 – 1995", Discussion Paper Series A No. 406, Tokyo: Hitotsubashi University 2001.

[206] Tibor Scitovsky. , "Two Concepts of External Economies", Journal of Political Economy, Vol. 62, No. 2, April 1954.

[207] Venables, A. , "Equilibrium Locations of Vertically Linked Industries", International Economic Review, No. 37, 1996.

[208] Warren E. Johnston and Alex F. McCalla. , "Whither California Agriculture: Up, Down or Out: Some Thoughts about the Future", Giannini Foundation Special Report 04 – 1, August 2004.

[209] Welsh, R. , Hubbell, B. , Carpentier, C. L. , "Agro – food System Restructuring and Geographic Concentration of US Swine Production", Environment and Planning, Vol. 35, No. 2, 2003.

[210] Williamson. , *Economic Institutions of Capitalism*, New York: The Free Press, 1985.

[211] Wilcox. , E. C. , "Local Data Requirements in Areas of High Agricultural Specialization", Journal of Farm Economics, Vol. 38, No. 5, 1956.

后　记

　　本书是在两年前博士学位论文的基础上完成的。出版之际，首先感谢我的博士生导师——中国社会科学院农村发展研究所副所长杜志雄研究员。从杜老师门下求学以来，杜老师为人的意境高远、至真至诚、谦逊亲和，为我所敬爱与钦服。杜老师旺盛的工作热情、敬业务实的工作作风、严谨细致的治学态度、深厚的学术修养、敏锐的科研洞察力和对学术重要性问题的精准判断，为我永志不忘，深受教益和启发。尤其是，杜老师对学生的真诚和负责的态度，于我感受至深。在当下，这种负责态度，已经成为一种稀缺。

　　博士入学之初，杜老师就对我提出了较高的要求，希望我能认真、扎实地学习基础理论知识，广泛阅读国内外经典文献，紧跟国内外学术前沿。在博士学习过程中，还给我提供了大量参与高层次科研课题研究和实地调研的机会，从中我积累了大量的研究材料、研究方法和研究规范，从而使我的学术素养取得了明显进步。在博士论文的写作中，从论文选题、研究框架和研究方案设计、开题报告写作和开题答辩、行文逻辑和字句斟酌、初稿修改到最后定稿，杜老师都给予了大量的悉心指导和帮助，倾注了大量汗水和心血。在三年的博士求学中，杜老师还在生活上给予了我无限的关爱和大量帮助。这些，我永铭于心。博士毕业以来，杜老师一如既往地对我关心和指导，并经常鼓励我努力进步、督促我扎实研究。从杜老师身上所学到的东西已经超越学术，在我博士毕业后的人生道路上发挥了重要的指引作用，在将来，也必将会发挥更加重要的指引作用。

　　感谢国家发展改革委宏观经济研究院的姜长云研究员。姜老师对学术的热情和执着，以及其为学的严谨细密和求真务实，为我所钦佩。姜老师视我如他自己的学生，给予我参与其主持的国家自然科学基金项目和农业部软科学课题研究的机会，带领我赴全国多个省区对中小企业发展和农业生产性服务业发展问题进行实地调研，在学术研究方法、研究规范等方面进行了大量悉心指导，在博士论文选题和写作中提出了大量建设性意见。对姜老师的感谢之情无以言表。

　　回想在中国社会科学院研究生院三年博士研究生的学习生活，辛苦、充实而又快乐。短短三年，中国社会科学院的学术学习环境、学识渊博的导师和老师、诸多学术大家精彩的讲座等已在我的人生中留下深深的烙印。感谢中国社会科学院农村发展研究所的老师们：我的博士培养指导小组成员谭秋成研究员、张军研究员、张元红研究员；农村发展系的张斌老师、檀学文副研究员、胡冰川副研究员。

　　感谢我的博士同窗好友赵鲲、吴文彬、冯伟、囤兴侠、王建华、戴媛媛、黄慧芬、孙瑜、宫哲元等在学习和生活中给予的关心和帮助。

　　感谢山东师范大学公共管理学院李松玉院长，山东师范大学于洪波教授、赛晓序教授，山东师范大学管理科学与工程学院副教授梁春梅对我工作、生活上无限的关爱和帮助。

　　感谢三位匿名评审专家，他们的中肯修改建议让我茅塞顿开，使这篇博士学位论文增色不少。对在百忙之中抽出宝贵时间对论文进行评议和审阅的专家教授们致以深深的谢意。

　　深深感谢我的妻子李吉娜，没有她的包容、支持、鼓励和关心，我的博士求学和良好成绩的取得难以实现。全部的经历，无论成功与欢乐、挫折与落寞，唯有她与我分享。感谢我的岳父岳母，因为有他们的理解和支持，我才得以全力追求学术。

　　深深感谢我的父母亲。多年在外地的求学和工作，总能得到他们最大限度的理解和支持。每念及此，对他们的亏欠和感激，难以言表。现在远离家乡，不能陪伴父母身边，唯愿他们身体健康。

　　感恩上帝赐予我生命的礼物——健康活泼、聪慧、帅气的儿子肖铭恩，他是我一生永远乐观向上、奋发进取的力量源泉！

肖卫东

写于 2012 年 5 月

再于 2014 年 12 月

山东济南市玉函北区